基金项目：教育部高校思想政治理论课教师研究专项之高校思想政治理论课教学方法改革择优推广项目《思想政治理论课情境体验式实践教学模式创新与探索》（20SZK10037001）

物院学子看社会

——北京城市副中心建设调查报告专辑

主编／李邢西　张建宝　郭继武

副主编／李秋月　马越

中国财富出版社有限公司

图书在版编目（CIP）数据

物院学子看社会. 北京城市副中心建设调查报告专辑／李邢西，张建宝，郭继武主编 . —北京：中国财富出版社有限公司，2023.5

ISBN 978 - 7 - 5047 - 7929 - 8

Ⅰ.①物…　Ⅱ.①李…　②张…　③郭…　Ⅲ.①高等学校 - 大学生 - 社会实践 - 调查报告 - 北京　Ⅳ.①G642.45

中国国家版本馆 CIP 数据核字（2023）第 078739 号

策划编辑	张 茜 宋 宇	**责任编辑**	邢有涛 尹培培	**版权编辑**	李 洋
责任印制	尚立业	**责任校对**	张营营	**责任发行**	黄旭亮

出版发行	中国财富出版社有限公司		
社　址	北京市丰台区南四环西路 188 号 5 区 20 楼	**邮政编码**	100070
电　话	010 - 52227588 转 2098（发行部）　010 - 52227588 转 321（总编室）		
	010 - 52227566（24 小时读者服务）　010 - 52227588 转 305（质检部）		
网　址	http://www.cfpress.com.cn	**排　版**	宝蕾元
经　销	新华书店	**印　刷**	北京九州迅驰传媒文化有限公司
书　号	ISBN 978 - 7 - 5047 - 7929 - 8/G·0792		
开　本	710mm×1000mm　1/16	**版　次**	2023 年 8 月第 1 版
印　张	13.75	**印　次**	2023 年 8 月第 1 次印刷
字　数	218 千字	**定　价**	88.00 元

序

习近平总书记强调，"要高度重视思政课的实践性，把思政小课堂同社会大课堂结合起来""思政课不仅应该在课堂上讲，也应该在社会生活中来讲"。相关系列重要论述为深化新时代思政课改革创新提供了重要遵循。教育部等十部门印发了《全面推进"大思政课"建设的工作方案》，对"大思政课"建设提出了具体方案。

2020年，北京物资学院马克思主义学院获批教育部2020年度高校思想政治理论课教师研究专项之高校思想政治理论课教学方法改革择优推广项目"思想政治理论课情境体验式实践教学模式创新与探索"。项目推进中，北京物资学院马克思主义学院认真贯彻习近平总书记关于"大思政课"建设系列重要论述精神，围绕教育部关于应用型大学转型建设和北京市关于市属高校分类发展部署，在京津冀协同发展、首都"四个中心"和北京城市副中心建设的时代背景下，建构思想政治理论课的情境体验式实践教学体系，形成了鲜明的"大思政课"建设的校本特色、地域特色。

本书所呈现的就是其中的鲜活掠影。结合北京物资学院2023年研究生课程思政项目和教育教学改革项目"《马克思主义与社会科学方法论》的问题链教学设计探究——基于思政课程与课程思政同频共振的视角"，教师带领学生立足所学专业，在北京城市副中心建设的实景中选取一个与所学专业密切相关的机构，在实证调研、文献研究等基础上，综合运用《马克思主义与社会科学方法论》这一思想政治理论教材所涉及的马克思主义基本立场、观点和方法，全面、系统、辩证地分析该机构入驻北京城市副中心的背景与动因、现实挑战与机遇、未来发展路径与前景等。这有效改变了思政课重理论教学轻实践教学的现状，有效弥补了思想政治理论教育与专业人才培养有所脱节、思政课程与课程思政未能充分耦合的不足。

习近平总书记强调，"掌握调查研究这个基本功"。北京物资学院马克思主义学院始终锚定有特色高水平应用型人才培养目标，组织学生在京华大地的时代实践中大兴调查研究之风，培养学生成长为有理想、有本领、有担当的时代新人。

李邢西

2023 年 4 月 10 日

目　录

北京绿色金融与可持续发展研究院分析报告

西方经济学　王亚欣

一、研究院背景、架构及研究成果

北京绿色金融与可持续发展研究院（以下简称"研究院"）是 2020 年由马骏博士倡议发起成立的一家为中国和全球绿色金融与可持续发展提供政策、市场、产品研究以及国际合作平台的智库。作为一家非营利性机构，研究院的目标是在绿色金融、气候融资、低碳发展等领域成为有全球影响力的智库，为改善全球环境和应对气候变化做出实质性的贡献。北京绿色金融与可持续发展研究院下设六个研究中心，分别是绿色金融国际合作研究中心、绿色建筑与可持续规划中心、ESG 投资研究中心、自然资本投融资中心、绿色科技研究与投资促进中心、能源与气候变化研究中心。

（一）研究院组织架构

1. 绿色金融国际合作研究中心

绿色金融国际合作研究中心支持"一带一路"绿色投资原则（以下简称"GIP"）秘书处北京办公室及其指导委员会、工作组的工作以及绿色项目库的开发，推动 GIP 签署机构强化环境和气候信息披露、评估项目的环境影响并创新开发绿色金融产品。还将面向中国和其他发展中国家，尤其是"一带一路"沿线国家和地区的监管机构以及主要金融、研究和第三方服务机构，开展绿色金融能力建设，开发相关学习工具和产品，推动知识共享，并与国内外其他机构合作开展绿色金融相关课题的研究。

2. 绿色建筑与可持续规划中心

绿色建筑与可持续规划中心致力于绿色低碳建筑的全过程规划设计和建设。在当前应对气候变化形势下，该中心充分利用绿色金融支持城乡建设、城市更新、产业园区以及建筑科技创新，提升绿色建筑发展质量，提高新建建筑节能水平，加强既有建筑节能绿色改造，推动可再生能源应用，全面促进我国建筑业在新历史阶段向可持续方向转型发展。

3. ESG 投资研究中心

ESG 投资研究中心致力于研究和推广 ESG（环境、社会、公司治理）理念、方法和工具，协助基金、银行和保险机构开发 ESG 产品和分析工具。基于上市公司和发债企业的 ESG 数据，提供上市公司 ESG 评分及评分标准、发债企业 ESG 评分及违约率预测、企业 ESG 深度分析报告、投资组合的 ESG 表现、ESG 事件舆情自动跟踪、ESG 指数产品设计，以及 ESG 信息披露咨询建议。计划组建 ESG 投资者联盟，提供 ESG 方法和工具的交流与推广平台。持续开展绿色金融政策研究、绿色产业研究，支持地方绿色金融改革创新及绿色金融机构建设与产品创新。

4. 自然资本投融资中心

自然资本投融资中心开展自然资本投融资相关的前沿研究与决策咨询服务，撬动社会资本投资生态环境治理、修复和保育领域，促进自然资本增值，包括生物多样性投融资、绿色新农村建设、蓝色金融等与政府、国内外科研和智库组织、投资机构等展开积极合作。

5. 绿色科技研究与投资促进中心

绿色科技研究与投资促进中心由研究院与英国碳信托（Carbon Trust）共同发起。根据中英经济财金对话和北京—伦敦合作备忘录的要求，该中心将开发国际绿色科技项目库，向投资机构和企业推广绿色科技项目，在清洁能源、节能技术、储能技术、固废技术等领域开展行业趋势研究，支持绿色科技投资机构的决策及其与国际的合作，为绿色科技项目落地提供咨询服务。

6. 能源与气候变化研究中心

能源与气候变化研究中心专注能源和气候变化行动研究，依托低碳行动数据库和系统分析工具，协助决策者制定可执行、可投资的绿色低碳发展规划。团队研究领域包括国际气候战略跟踪、绿色发展政策和实践、清洁能源和绿色金融协调优化、区域低碳发展行动等。该中心近期牵头的若干工作主要包括帮助地方政府设计提前实现"碳达峰、碳中和"的产业减排路线图，以及支持此目标的绿色金融路线图，协助高度依赖煤炭相关产业的地区研究设计低碳转型方案，为地方零碳示范园区规划提供咨询建议。

（二）研究院数据库建设

1. "一带一路"绿色项目数据库

"一带一路"绿色项目数据库旨在创建一个可以推动和促进绿色投资，降低搜索成本和融资成本，提高包括"一带一路"沿线国家在内的发展中国家绿色项目的商业可行性，并最终实现该区域的绿色、低碳和可持续发展的综合性平台。该数据库与气候和环境风险评估工具（CERAT）相连接，有利于量化投资项目的环境风险和利益，提高项目透明度，并明确责任。

2. 气候和环境风险评估工具

气候和环境风险评估工具（CERAT）致力于帮助利益攸关方量化投资项目的环境风险和收益，提高透明度，并展现责任。该工具集成了基于项目层面技术信息评估环境和气候风险的现有方法。

3. 中国绿色低碳发展指数

中国绿色低碳发展指数（China LOGIC）是一个多维度综合指标评价体系，通过建立城市数据库和构建指标评价方法，追踪进展，评估表现，同时帮助城市分析并提出实现清洁能源和低碳发展的解决方案，使城市尽早实现达峰。中国绿色低碳发展指数报告系统收集和整理了中国 115 个城市 2010 年和 2015 年的相关数据，涵盖 23 个低碳和绿色指标，从 10 个经济和人口纬度描述城市特征。研究院创建了一个交互式 LOGIC 网络工具，允许用户探讨 LOGIC 的众多参数，为中国低碳城市政策的研究与制定提供窗口。

4. 绿色科技数据库

北京绿色金融与可持续发展研究院以"发展绿色金融，支持绿色科技"为工作重点，与多方共建"金融支持绿色科技平台"。该平台充分利用北京绿色金融与可持续发展研究院和各合作机构的资源，联合科学家和科技创新企业，对接金融资源，支持经济和科技发展。该平台内容包括：①建立绿色科技项目库和绿色科技投资机构网络；②通过项目资源对接、专题路演等形式推动绿色金融与项目对接落地，打造标杆项目；③实现正式会议和非正式交流常态化；④探索建立孵化加速平台。

（三）研究院研究成果

北京绿色金融与可持续发展研究院围绕"双碳"目标和绿色金融，结合国外经验，分析国内发展现状以及在"双碳"目标下实现绿色金融和可持续发展的路径。其研究成果主要以研究报告形式发布，从成立至今，发布的主要研究报告如表1所示。

表1　　　　　　　　北京绿色金融与可持续发展研究院研究报告

报告名称	主要内容
金融机构环境风险分析的意义、方法和推广	讨论环境风险分析面临的挑战与建议
超越2℃——国际城市应对气候变化中长期减排行动	回顾国内外为实现中长期减排目标或"零碳"排放所采取的行动，提出中国城市长期应对气候变化的行动建议
绿色金融如何有效支持绿色建筑	讨论绿色建筑业存在的问题并提出建议
IGDP——把握中国"碳中和"机遇	阐述中国经济增长与脱碳转型的关系，以展示"碳中和"目标、清洁能源低碳转型给中国经济发展带来的巨大机遇
以"碳中和"为目标完善绿色金融体系	讨论目前绿色金融体系与"碳中和"目标的差距以及政策建议
绿色金融、普惠金融与绿色农业发展	讨论中国在金融支持绿色农业发展中面临的主要障碍及提出建议

续 表

报告名称	主要内容
迈向 2060——聚焦脱碳之路上的机遇和活动	梳理中国在实现"碳中和"目标过程中所面临的挑战和机遇
蓝色经济产业初探——水产养殖篇	以一个具有代表性的传统海洋产业为例,讨论科技创新在蓝色经济建设中的挑战和机遇
城市副中心率先建设零碳示范园区路径探析	北京城市副中心具有创建领先型零碳园区的优势
支持"一带一路"低碳发展的绿色金融路线图	对"一带一路"国家的增长前景及其与碳排放的关系进行分行业测算
银行 ESG 实践与发展建议	商业银行进行 ESG 管理与提升的重要意义
可持续发展挂钩债券及贷款案例分析	可持续发展挂钩债券(SLB)和可持续发展挂钩贷款(SLL)是推动可持续金融发展的关键工具,可以帮助棕色行业转型提供资金支持,助力国家实现"碳中和"目标
中国 ESG 投资尽责管理之探索——理念、框架与展望	基于国际可借鉴的发展经验,从政策框架、积极股东理念和经验、资管机构专业能力等多个角度对我国规模化推行 ESG 尽责管理的前景进行了探索研究,提出现存的挑战,提出建议与展望
重庆"碳中和"路径与绿色金融路线图	探讨重庆实现"碳中和"的可行性,如何确定能源、工业、建筑和交通行业的减排路线图并估算绿色低碳投资需求,如何进行绿色信贷、债券、基金、股市等渠道的融资安排

资料来源:北京绿色金融与可持续发展研究院。

二、研究院入驻北京城市副中心的背景与优势

(一)研究院入驻背景

1. 国际背景

洪涝、干旱、台风、地震、动物濒危、海平面侵蚀居住地,突发气候危

机愈发密集与暴力，故应对气候变化刻不容缓，并成为全球共识。为应对气候变化，采取绿色低碳转型是全球可持续发展的大势所趋，但没有任何一个国家有能力单独承担这一使命。全球气候治理在经历了从强制减排到各国自主贡献的转变之后，应对气候变化的共识正在不断凝聚。

全球应对气候变化的行动主要由两个政府间国际组织推动：联合国政府间气候变化专门委员会（IPCC）和《联合国气候变化框架公约》（UNFCCC）。联合国气候变化大会曾达成一些具有里程碑意义的议定书，推动了全球气候治理的进程，包括 1997 年的《京都议定书》、2009 年的《哥本哈根协议》以及 2015 年的《巴黎协定》。2021 年 11 月，在英国格拉斯哥举办的《联合国气候变化框架公约》第 26 次缔约方大会重申了对《巴黎协定》的承诺。目前，已有 173 个经济体为全球温室气体净排放的目标制定了自身的净零计划表，中国即是其中之一。

气候变化问题在国际上引起广泛关注，全球各国为此采取了诸多应对措施，推进绿色金融发展便是其中措施之一。在绿色金融发展方面，美国、日本及欧盟等经济体的绿色金融体系较为成熟。美国是创新引领者，注重绿色产业发展和绿色金融产品创新。日本是主要参与者，通过开发多种融资产品、发放中长期低息贷款等方式助力绿色金融的发展。欧盟是主要先行者，在全球绿色金融发展方面占据了一定先机。我国绿色金融发展起步较晚，存在巨大潜力，但在环境风险测量与评价、金融机构产品创新、绿色金融体系构建以及绿色信息披露等方面还有很大的进步空间。因此，北京绿色金融与可持续发展研究院的成立在加强国际合作、支持"一带一路"低碳发展、实现"双碳"目标并推动我国绿色金融和可持续发展方面具有重要意义。

2. 国内背景

2020 年 9 月 22 日，习近平总书记在第七十五届联合国大会一般性辩论会上宣布，中国二氧化碳排放力争于 2030 年前达到峰值，努力争取 2060 年前实现"碳中和"。在此后的多个场合，习近平总书记反复重申了中国的"双碳"目标，并强调要坚决落实该目标。2021 年 3 月，"双碳"目标被纳入"十四五"规划和 2035 年远景目标。

在"双碳"目标背景下，2021 年 11 月国务院发布《国务院关于支持北京城市副中心高质量发展的意见》，指出依托国家服务业扩大开放综合示范区和中国（北京）自由贸易试验区，将北京城市副中心打造成京津冀金融创新、高端商务发展高地。鼓励金融机构依法设立绿色金融专门机构，设立国际绿色投资集团，推动北京绿色交易所在承担全国自愿减排等碳交易中心功能的基础上，升级为面向全球的国家级绿色交易所，建设绿色金融和可持续金融中心。此外，中共北京市委办公厅、北京市人民政府办公厅联合印发《关于推进北京城市副中心高质量发展的实施方案》，提出要打造北京绿色金融国际中心，培育发展各类国际化、专业化绿色金融市场主体，创新发展气候投融资、碳权交易等各类绿色金融创新产品，将北京城市副中心打造成绿色金融功能主要承载区和先行示范区。

北京绿色金融与可持续发展研究院在建设绿色金融和可持续发展方面具备强大优势，在政策指导和支持下入驻北京城市副中心，可以充分利用国家资源和政策支持，抢抓绿色金融发展机遇，建立健全绿色金融服务体系，探索完善绿色金融引导绿色发展的体制机制，在绿色金融和可持续发展方面率先示范完成国内绿色金融体系建设，推动"双碳"目标实现。

（二）研究院入驻优势

1. 文化优势

"绿色"是北京城市副中心最浓重的底色。从北京城市副中心本身的资源禀赋来看，大运河森林公园、运河公园和相关的大运河文化展示了北京城市副中心的自然文化。2020 年 6 月，通州区发布了《通州区大运河文化带保护建设规划》与《通州区大运河文化带保护建设三年行动计划（2020 年—2022 年)》指出，到 2025 年，再现大运河北首盛景；到 2035 年，引领京津冀，进一步发挥示范带动和战略支撑作用；到 2050 年，成为中国文化与世界文明交流的重要承载地。从产业分布来看，北京城市副中心未来将建成聚焦于行政办公、商务服务、文化旅游三大主导功能的高水平社会主义现代化城区。未来产业将以高端服务业为主，能源强度和碳排放强度都远低于其他行业，交通和建筑终端电气化难度要远低于制造业。

北京绿色金融与可持续发展研究院的发展目标是在绿色金融、气候融资、低碳发展等领域成为有全球影响力的智库，因此其绿色金融和可持续发展与北京城市副中心的文化底蕴相契合。在绿色文化背景下，研究院可以串联起北京城市副中心甚至京津冀一体化的绿色金融和可持续发展的生态空间，为北京城市副中心绿色发展做出重要贡献。

2. 产业集聚优势

产业集群可以产生资源集聚效应、分工效应、学习与创新效应、竞争与合作效应。按照首都金融发展布局，北京城市副中心将重点发展绿色金融，成为北京建设全球绿色金融和可持续金融中心的重要示范区。北京市的金融机构和其他一些绿色金融发展所需要的资源可以向北京城市副中心聚合。例如：北京绿色交易所有限公司、华夏理财有限责任公司、华夏银行股份有限公司北京城市副中心分行、北京他山智石科技有限公司、中国长江三峡集团有限公司十五家二三级子公司、上田八木货币经纪（中国）有限公司和路孚特信息服务（中国）有限公司等各类金融机构相继落地运河商务区。绿色金融适合聚集绿色资源，可以通过绿色金融形成一条京津冀一体化的产业链。绿色的生态价值具有外部性，而绿色金融可以打造一条完整的绿色产业链。北京绿色金融与可持续发展研究院可以利用北京市建设副中心这样一个聚合优势，通过整合北京城市副中心的金融资源，构建完善的国内绿色金融体系，在气候融资、低碳发展等领域逐渐成为有全球影响力的智库。

3. 后发优势

北京城市副中心相当于一个"后建城市"，有后发的优势。绿色金融的目标就是利用金融手段来推进城市的绿色发展。北京城市副中心作为一个"新城市"，有很大的发展空间。在这种背景下，绿色金融机构推进绿色发展遇到的阻力就比较小，付出的成本也比较低，相对来说获得的收益也比较大。绿色金融和可持续发展需要绿色产业链的形成，研究院之所以选择入驻北京城市副中心，也是因为北京城市副中心的产业在开发阶段就被贴上"绿色"的标签，更有利于推进生产企业与绿色金融资源对接，从而引领整个京津冀地区"碳达峰、碳中和"行动。

4. 政策优势

从提出"双碳"目标以来，我国陆续发布了《中国（北京）自由贸易试验区国际商务服务片区通州组团三年行动计划（2021—2023年)》《北京城市副中心（通州区）国民经济和社会发展第十四个五年规划和二〇三五年远景目标纲要》《关于构建首都绿色金融体系的实施办法》《国务院关于支持北京城市副中心高质量发展的意见》《关于推进北京城市副中心高质量发展的实施方案》等政策指导意见，提出要将北京城市副中心打造成国家绿色金融改革创新示范区、绿色金融功能主要承载区和先行示范区，争取跨境绿色信贷资产证券化、绿色债券、绿色股权投融资等政策措施优先在北京城市副中心试点。依托北京绿色交易所，建设和完善北京绿色项目库和全国绿色项目库，围绕"一带一路"倡议积极谋划国际绿色项目库。

北京绿色金融与可持续发展研究院要成为为中国乃至全球绿色金融与可持续发展提供政策、市场、产品研究以及国际合作平台的智库，就必须打通国际交流的渠道，其所建设的"一带一路"绿色项目数据库、绿色金融国际合作研究中心、国际可持续发展金融中心网络（FC4S）亚洲总部以及与英国碳信托（Carbon Trust）共同发起的绿色科技研究与投资促进中心率先与国际绿色金融体系接轨，从而推进绿色金融对外开放，持续提升首都绿色金融国际影响力和辐射力。

三、研究院当前发展中的机遇与挑战

（一）机遇

1. 国家政策大力支持

"双碳"目标正在成为中国实现生态文明建设目标的主要抓手。2016年8月，中国人民银行等七部委共同出台了《关于构建绿色金融体系的指导意见》，确立了中国绿色金融体系建设的顶层架构。2021年10月，《中共中央国务院关于完整准确全面贯彻新发展理念做好碳达峰碳中和工作的意见》

明确指出，要积极发展绿色金融，建立健全绿色金融标准体系等具体措施。中国人民银行还将"落实碳达峰碳中和重大决策部署，完善绿色金融政策框架和激励机制"列为重点工作，确立了"三大功能""五大支柱"的绿色金融发展政策思路。

在国家政策大力支持绿色金融和可持续发展的背景下，北京绿色金融与可持续发展研究院作为推动北京城市副中心绿色金融体系建设的重要推手，更要充分利用"两区"建设先行先试、创新引领的政策契机，抢抓绿色金融发展机遇，建立健全绿色金融服务体系，探索完善绿色金融引导绿色发展的体制机制，进一步筑牢发展根基、挖掘发展潜力、吸引优质资源聚集，在绿色金融和可持续发展方面率先示范。

2. 国际关注与合作

全球气候治理在经历了从强制减排到各国自主贡献的转变之后，应对气候变化的共识正在不断凝聚。除已实现"碳中和"的两个国家外，芬兰承诺，到 2035 年实现"碳中和"；德国和瑞典立法通过了 2045 年实现"碳中和"的目标；美国、日本、法国、英国等国家承诺，到 2050 年实现"碳中和"目标；中国、俄罗斯、印度尼西亚、沙特阿拉伯等 9 个国家明确到 2060 年实现"碳中和"。

与发达国家相比，我国当前仍处于快速工业化、城镇化的进程，经济会在较长一段时间保持中高速增长，人均能源需求尚有较大上升空间，这就要求北京绿色金融与可持续发展研究院与绿色金融发展向好的主要经济体交流互鉴，积极利用外国经验和优势，推动绿色金融对外开放。例如：北京绿色金融与可持续发展研究院提出，北京城市副中心要建设零碳园区，可以借鉴欧洲国家的零碳园区社区工作和"零碳排放行动计划"，编制北京城市副中心 2050 年净零碳排放规划战略和路线图，将零碳理念和目标纳入重点项目的规划建设，建立北京城市副中心企业和金融机构碳排放信息披露制度。此外，北京绿色金融与可持续发展研究院还与多个国家开展绿色金融项目实验与研究，并参与绿色金融国际研讨会和国际可持续金融研究联盟有关活动。

3. 我国绿色金融潜力巨大

2020 年，我国绿色信贷余额实现线性增长。其中，国有大型银行引领绿色信贷发展，北京的绿色信贷余额最大。绿色债券自2016年1月首次推出以来，规模持续扩大，2020年发行额为5508亿元，累计发行额为11589亿元，规模仅次于绿色信贷，成为中国绿色金融第二大载体。中国绿色保险产品不断创新，服务体系初步建立，在绿色金融中发挥着越来越重要的作用。租赁公司的绿色债券发行规模不断扩大。据wind数据显示，2020年租赁公司共发行了35笔绿色债券，发行总金额达182.67亿元，较2018年增长了149.58%，发行规模快速增长。

由此可见，我国绿色金融潜力巨大。北京绿色金融与可持续发展研究院通过研究我国各个行业可能出现的绿色技术创新点，将自身所具有的绿色信贷、绿色债券、绿色保险等资源与行业精准对接，探索北京城市副中心绿色金融投资机遇，可以突破现有绿色金融在我国行业中的应用。

4. 金融科技赋能绿色金融

目前，中国绿色金融市场规模正处于迅速增长的阶段，金融机构在绿色金融产品创新、气候和环境风险识别、流程管理与整合等应用场景中越来越多，对于信息的规范性、时效性、整合度、精准度等要求越来越高，在绿色金融业务方面对金融科技的需求越来越强烈。由于绿色金融产品往往有着更低的资金成本，诱惑之下，企业和机构都有一定的"漂绿"冲动。金融机构可利用科技识别"漂绿"行为，通过建立绿色金融业务流程管理系统和绿色金融科技服务云平台，实现绿色项目识别和分类智能化、信贷环境和社会风险管理监督自动化及绿色信贷统计和报送实时化。北京绿色金融与可持续发展研究院则通过建立气候和环境风险评估工具、中国绿色低碳发展指数以及绿色科技数据库，为金融机构提供可测度、可核查、可验证的标准化流程。

（二）挑战

1. 我国绿色金融市场有待扩大

北京绿色金融与可持续发展研究院坐落在北京城市副中心，其先行示范效应和辐射效应需要长期实践。原因在于，我国碳市场刚刚起步，从发达国家的经验来看，未来中国碳市场规模可期，但与成熟碳市场相比，中国的碳市场建设仍然面临一些问题。中国目前碳排放权交易市场主要由七省市碳交易市场和全国碳交易市场构成。全国碳市场开市交易以来，总体运行平稳有序，但始终存在交易活跃度偏低，流动不足等问题。并且根据目前的碳市场制度，金融机构尚不能直接参与全国碳市场交易，也不能代理客户进行交易。普通投资者暂时还无法以个人身份直接参与全国碳排放市场的交易。银行业目前可以做的仍然是一些传统的基础性工作，比如为进入碳市场的企业开立进行交易的银行账户，为全国碳市场提供结算清算服务等。这些都阻碍了北京绿色金融与可持续发展研究院对我国绿色金融体系建设的推动。

2. 与国际接轨却缺乏统一的绿色标准

充分利用国外绿色金融体系建设经验和优势，可以极大地促进我国绿色金融的发展。由于各国引导绿色投融资活动的目标侧重有所不同，绿色投资项目在界定层面存有部分差异。具体来看，国际层面的绿色指引与标准更加侧重于气候变化减缓和气候适应方面，而中国国内绿色标准除了关注温室气体减排，还着眼于污染物削减、资源节约、生态保护等方面的环境效益。

绿色定义的差别反映了不同国家和地区所面临的不同挑战，但是在气候变化越来越成为全球性问题的大背景下，弥合差异是未来的趋势。北京绿色金融与可持续发展研究院在与相关国家和机构交流互鉴的过程中，如果能采用统一的绿色标准，则可以拉动在中国境内开展业务的外资银行助力中国与世界的联动和趋同，在包括绿色债券的 ESG 领域内的风险管理、协助境外债券发行、科研创新等方面注入活力，推动融合，其活动所产生的效率和作用将会大大提高。

3. 行业转型难度和速度不一

北京绿色金融与可持续发展研究院为我国不同城市和行业的绿色金融与可持续发展提供政策、市场、产品研究，但是这些研究内容不具有外推性。矛盾具有普遍性和特殊性，不同的城市和行业向绿色转型的难度和速度也会不同。截至目前，北京绿色金融与可持续发展研究院只为一个城市（重庆）做过"碳中和"路径与绿色金融路线图，确定重庆实现"碳中和"的可行性，估算在能源、工业、建筑和交通行业的绿色低碳投资需求，拟定绿色信贷、债券、基金、股市等渠道的融资方案。从行业来看，研究院对农业、建筑业、传统水产业等行业的绿色金融进行过转型研究，对其他工业和制造业的绿色转型仍需进一步探索。

四、研究院未来的发展前景及发展路径

（一）长期来看，金融全球化进一步加深，研究院发挥研究中心国际合作优势，专注绿色金融前沿

金融市场的全球化已经进入新的阶段，世界各国或地区的金融活动趋于一体化，一国的金融活动与其他国家金融活动密切相关，各国货币体系与金融市场之间日益紧密联系。金融全球化作为经济全球化的需要，是经济全球化的一部分，是指资金在全球范围内的筹集、分配、运用和流动的过程。考虑到我国绿色金融以及相关的碳金融市场起步较晚，绿色金融产品也仅仅局限于绿色信贷、绿色债券、绿色保险等方面，缺乏产品创新，因此需要借助欧洲及其他国家在绿色金融方面探索的有效路径。

北京绿色金融与可持续发展研究院是目前国内具备国际合作研究中心和数据库较完善的智库。在金融全球化加速发展的趋势下，研究院可以充分发挥绿色金融国际合作研究中心、绿色科技研究与投资促进中心等机构与国际合作的优势，结合入驻北京城市副中心的金融资源和政策，专注国际绿色金融和可持续发展前沿，把国际清洁能源、节能技术、储能技术、固废技术等领域的最新研究引入我国，并将我国的绿色金融实践经验展示出去，带动并引领国内绿色金融与可持续发展。

（二）短期来看，逆全球化波动，研究院专注国内不同城市与行业发展绿色转型的特殊性

在新冠疫情以及西方国家一些逆全球化行为的背景下，一方面，研究院应注重国内绿色金融的政策、市场、产品等在不同城市和行业中应用的特殊性，利用其 ESG 投资中心研发的方法和工具，组建 ESG 投资者联盟，利用

LOGIC 系统帮助中国所有城市向绿色低碳过渡。针对城市和行业的特点进行实验和研究，探索多元化的绿色金融和可持续发展道路，推动国内绿色金融项目落地。如已经在运行的可持续林业经营与巴西投资可持续大豆和畜牧业的创新融资机制设计，以生态保护为目的进行跨地区生态补偿研究，自然碳汇项目开发以及区域生态配额市场交易机制设计等。另一方面，研究院应充分发挥其下的自然资本投融资中心的作用，推动 PE（市盈率）、VC（风险投资）进行绿色投资，而不只是依靠信贷、债券和保险市场。从总量看，中国绿色信贷余额排名全球第一，绿色债券存量排名全球第二。但是可统计的绿色基金数量仅 700 多只，在全部基金数量中的占比依然很低。在博鳌亚洲论坛 2022 年年会上，北京绿色金融与可持续发展研究院院长马骏也表示："要实现'碳中和'，很多所需要的技术都没有实现。如 CCUS（碳捕获、利用与封存）技术有了，但成本很高、没有经济性；再如海上风能等新能源技术，还需要解决技术的瓶颈。创新科技投资风险会很大，真正能赚钱的项目可能很少，不是银行体系和债券市场可以承担的主要投资标的。大量需要技术创新的项目，还需要 PE、VC 机构来介入。"

此外，北京绿色金融与可持续发展研究院还应持续完善和整合其"一带一路"绿色项目数据库、气候和环境风险评估工具等数据库，及时更新项目信息和预期或实际绩效，开发包括更多有关气候、环境、生物多样性和水风险的高质量信息，以帮助金融或投资机构理解和评估投资项目的环境风险，增强金融系统的风险防范能力，并引导中国企业在海外投资合作中进一步规范环保行为，指导企业积极履行环境保护的社会责任，促进海外投资的可持续发展，为国内绿色金融体系建设提供评价数据、方法和应用案例。

浅析华夏银行入驻北京城市副中心的决策思维

世界经济　王文姝

一、认识与实践：关于设立北京城市副中心的方法论思考

马克思主义用人的实践活动解释历史的发展，从而达到对社会历史的正确认识，为社会科学研究奠定了可靠的方法论基础。

实践是社会存在和发展的基础，是认识发生和发展的基础，也是社会科学研究的方法论基础。在实践中发现问题和提出问题，对实践经验进行理论概括和总结，通过实践检验理论和发展理论，是社会科学研究应当遵循的首要基本原则。

随着社会经济的发展，世界各地工业化和城市化进程加快，人口和用地规模扩大，城市中出现了一系列经济问题、社会问题和环境问题，主要表现为：绿地面积少，城市环境质量差；交通拥挤，居住条件差；就业困难、失业人数增多、治安问题；贫困、内城衰落；人口老龄化；传统文化风貌被破坏等。因此，建设城市新区，成为现代城市发展的必然选择。

列宁指出：马克思主义的历史唯物主义是科学思想中的最大成果。它在人类对社会认识的历史进程中实现了历史性的伟大变革：第一，以往的历史理论至多只是考察了人们历史活动的思想动机，而没有研究产生这些动机的原因，没有探索社会关系体系发展的客观规律性，没有把物质生产的发展程度看作这些关系的根源；第二，以往的理论从未忽视居民群众的活动，只有历史唯物主义才第一次使我们能以自然科学的精确性去研究群众生产的社会条件以及这些条件的变更。北京城市副中心的规划和设立正是体现了马克思

15

主义社会科学方法论的基本原则。

北京作为我国的首都、国家中心城市，全国政治、文化、国际交往和科技创新中心，历史悠久。自公元938年以来，北京先后成为辽陪都，金中都，元大都，明、清国都，中华民国北洋政府首都，1949年10月1日成为中华人民共和国首都。北京城市的发展和变迁从一个侧面反映了人类社会的历史是物质资料生产的历史，是劳动发展的历史。马克思正是从劳动发展史中找到了理解人类社会发展史的"钥匙"。"我们自己创造着我们的历史，但是第一，我们是在十分确定的前提和条件下创造的。其中经济的前提和条件归根到底是决定性的。经济、政治、思想文化等各种因素是相互作用的，但'归根到底是经济运动作为必然的东西通过无穷无尽的偶然事件……向前发展的'。第二，历史是这样创造的：最终的结果总是从许多单个意志的相互冲突中产生出来的，而其中的每个意志，又是由于许多特殊的生活条件，才成为它所成为的那样。"

历史照映现实，2016年5月中共中央政治局召开会议，提出北京城市副中心要构建蓝绿交织、清新明亮、水城共融、多组团集约紧凑发展的生态城市布局，着力打造国际一流和谐宜居之都示范区、新型城镇化示范区、京津冀区域协同发展示范区。建设北京城市副中心，不仅是调整北京空间格局、治理大城市病、拓展发展新空间的需要，也是推动京津冀协同发展、探索人口经济密集地区优化开发模式的需要。2019年1月11日，北京市级行政中心正式迁入北京城市副中心。

二、调查与研究：关于企业入驻北京城市副中心的研究

问卷调查法与文献调查法是国内外社会调查中广泛使用的方法。

为研究包括华夏银行在内的多家企业入驻北京城市副中心的现象及其背后的原因，笔者制作了问卷并向通州区居民发放，回收有效问卷204份。其中，关于通州区居民对入驻通州的企业的了解情况如下：

问题描述：你了解哪些入驻北京城市副中心——通州区的企业？受访结果如图1所示。

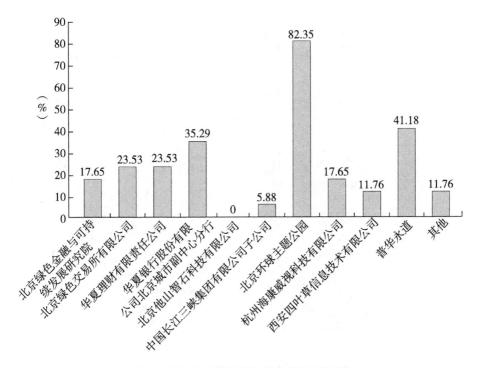

图1 入驻北京城市副中心企业受访结果

虽然通州区居民知道有一大批企业入驻北京城市副中心，但对于入驻企业的了解程度一般，大部分人知道北京环球主题公园的入驻，对于西安四叶草信息技术有限公司等签约入驻的高科技企业了解较少。

关于企业入驻北京城市副中心背后的原因，调查结果如下：

问题描述：你认为企业入驻北京城市副中心——通州区的主要原因是什么？受访结果如图2所示。

从图2中可以看出，大部分受访者认为"通八条"等优惠政策的扶持是激励企业入驻北京城市副中心的主要原因。另外，北京市委、市政府的入驻打开了城市副中心蓬勃发展的新篇章，为北京城市副中心带来了广阔的发展前景。交通便利也是很重要的原因之一。北京环球主题公园等文化旅游项目的赋能相较而言影响力较小。

除问卷调查外，笔者还查阅了文献和官网相关资料，充分运用了马克思主义社会科学方法论，分析了华夏银行入驻北京城市副中心最根本的动因。

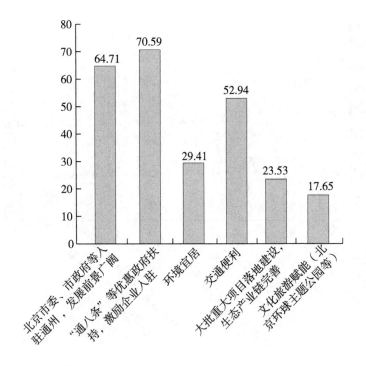

图 2　企业入驻北京城市副中心原因受访结果

三、社会与系统：华夏银行入驻北京城市副中心的动因分析

恩格斯指出：正像达尔文发现有机界的发展规律一样，马克思发现了人类历史的发展规律。历史上每一个时代的生产方式是该时代政治的和精神的历史所赖以确立的基础，经济条件归根到底具有决定性的意义，构成了一条贯穿于全部人类社会发展进程且唯一能使我们理解这个发展进程客观规律的红线。华夏银行的成立和发展历程既体现了我国改革开放的丰富成果，也反映了马克思主义关于社会历史过程的客观规律性与主体选择性。

华夏银行入驻北京城市副中心，有自身扩大客户群体与把握优惠政策的需要，还与金融行业当前的发展状态相关，甚至有其对国内、国际局势的考量，但归根结底是大势所趋，它的入驻与城市副中心的建设和其他企业的入驻一样，都是社会发展的必然。

华夏银行 1992 年 10 月在北京成立，1995 年 3 月实行股份制改造，2003

年9月首次公开发行股票并上市交易，成为全国第五家上市银行。成立至今，华夏银行奋勇拼搏，走过了辉煌的发展历程。截至2021年年底，总资产规模达3.68万亿元，较2020年年底增长8.13%；贷款总额2.21万亿元，较2020年年底增长4.96%；存款总额1.90万亿元，较2020年年底增长4.73%；实现营业收入958.70亿元，同比增长0.59%。全行经营运行平稳、结构持续改善、动能加快形成、后劲不断增强，呈现稳中有进、稳中向好的发展态势。

"十四五"时期，华夏银行秉承"服务新时代、建设新华夏"的精神，以"可持续 更美好"为品牌理念，坚持服务大局、市场导向、战略传承、改革创新、价值创造和扬长补短的原则，以综合金融服务巩固对公业务基础地位，着力提升数字化水平和零售业务发展新动力，着力打造绿色金融和财富管理发展新局面，着力建设京津冀、长三角、粤港澳区域发展新高地，加快建设成为有特色、有质量、有竞争力的全国性股份制商业银行，实现质量、效益、结构、规模、速度、安全相统一，不断向建设"大而强""稳而优"的现代金融集团奋力迈进。

实践的需要决定理论的产生和发展，决定理论研究的走向，决定理论研究的价值。社会实践的需要是理论的生长点，也是理论的出发点。没有实践的需要，就不可能有理论的产生。问题是时代的声音，理论研究归根结底是对问题的研究。提出问题是解决问题的前提。爱因斯坦说："提出一个问题往往比解决一个问题更重要，因为解决一个问题也许仅是一个数学上的或实验上的技能而已。而提出新的问题，新的可能性，从新的角度去看旧的问题，却需要有创造性的想象力，而且标志着科学的真正进步。"这句话同样适应于社会科学。华夏银行在充分考虑自身发展、行业未来、国内国际环境变化等多方面因素后，在做好经营发展工作的同时，积极履行社会责任，加强与客户、股东、员工等利益相关方的沟通交流，促进企业与社会、环境的可持续发展，塑造良好的社会形象，致力于成为一家有担当、负责任的金融机构。不仅如此，华夏银行不断提升服务品质和效率，保护消费者权益，积极推行普惠金融理念，推进金融服务乡村振兴工作，将更多更好的金融服务覆盖最广大的金融消费者，保护金融弱势群体；积极稳妥推进"碳达峰、碳中和"

目标，大力发展绿色金融业务，打造"绿筑美丽华夏"金融品牌。

马克思、恩格斯运用唯物辩证法和唯物主义历史观考察人类社会，把社会系统称作社会有机体，着重强调的是社会系统不同组成要素之间的相互联系和变化发展，强调社会在其长期发展中同样表现为一种有生命的物质实体。马克思所说的社会有机体，是指以生产实践为基础的各个社会层次、各种社会构成要素有机联系而又相互制约构成的社会整体。社会有机体形成于人的实践和交往活动中，是一种具有自我意识的有机体，其再生和更新的内在机制是物质生产、精神生产和人自身生产的统一。华夏银行积极贯彻北京市委市政府关于其作为市属优质国有企业公司总部首批迁入城市副中心的决策部署，有效落实城市副中心产业提升要求，于2021年4月决定投资55亿元在北京城市副中心建设华夏银行总行办公楼。这一举措是为了更好地贯彻落实国家京津冀协同发展战略，支持北京"四个中心"建设和城市副中心发展，借助城市副中心规划大势，抓住发展机遇，扩大华夏银行在北京地区的业务范围和金融服务影响力，从某种程度上反映了物质生产、精神生产和人自身生产的统一。

马克思深刻揭示了社会大系统各个要素之间的复杂关系。他认为社会是个复杂的大系统，具体概括为以下五个系统：生产力系统、生产关系系统、上层建筑系统、人口系统、自然环境系统。这五个系统的联系和实践在北京城市副中心的建设中都有所体现。

建设城市新区有两个具体的出发点：一个出发点是城市扩张与旧城衰落，即在旧有城区之外，规划新建的、具备相对独立性和完整性、具有新型城市景观、以某一个或某几个城市功能为主导的新城区。城市新区具有自我的独立性，又依托于城市整体；具有自我的城市功能，又与旧城区功能相辅相成。另一个出发点是立足于郊区化，即地处郊区范围，分担老城区的部分功能，相对于城市传统的中心区、乡村地区，在地域空间上具有相对明确的发展界限的集中城市化区域。

城市新区无论是在空间上还是在社会组织管理系统上，都存在可感知和可被认同的界线，是城市复杂大系统下的一个子系统，但本质上说明了城市新区的独立性和完整性，凸显了自然环境系统的作用。要加强城市副中心与中心城区、新城的交通联系，提高通勤能力只是一方面，更重要的是要引导中心城区人口随功能转移，实现宜居宜业、职住平衡。在城市规划中，预计通州有60万~80万就业人口，这部分人要尽可能地住在通州区，才能更好地解决交通问题。从中可以看出，这一现象体现了人口系统的影响力，因为人口系统是构成一个社会的有生命的个人的总和，包括人口的数量、质量、年龄构成、性别构成和区域分布及其发展变化状况等因素。人口因素是社会赖以存在和发展的必要物质条件。马克思指出："全部人类的第一个前提无疑是有生命的个人的存在。"没有人口的生产，就没有社会的延续和发展。没有一定数量、质量的人口，社会发展水平就会受到制约。人口增速、人口性别比例、人口年龄构成比例、居民受教育程度等，在社会发展中都具有不容忽视的作用。只有从社会系统的整体性原则出发，研究和处理好现代化建设各个方面的相互关系，统筹处理好经济建设、政治建设、文化建设、社会建设和生态建设相互联系、相互制约的关系，解决认识和实践中某些方面缺位和不到位的问题，才能使现代化建设全面协调可持续发展。

四、矛盾与选择：正确看待华夏银行可能面临的挑战与机遇

人类社会充满矛盾，社会矛盾无处不在，无时不有。社会矛盾存在于社会生活的各个领域，经济、政治、文化、社会等各个领域内部以及各个领域之间都存在矛盾。经济领域有生产力与生产关系、生产与消费、投入与产出、计划与市场等矛盾；政治领域有不同阶级阶层之间、不同利益集团之间、民族之间、国家之间，以及民主与集中、自由与纪律之间等矛盾；文化领域有不同意识形态之间、先进思想与落后思想之间、正确认识与错误认识之间等矛盾；社会领域有城乡之间、区域之间、不同群体之间等矛盾。一切社会领域都充满矛盾，这就是社会矛盾的普遍性，正确认识社会的基本矛盾和基本规律等于抓住了理解人类社会矛盾全局、解释"历史之谜"的总开关。

社会主义社会仍然充满矛盾，只是同旧社会相比，矛盾的性质和解决矛盾的方法不同罢了。当今全球政治、经济、军事矛盾依然存在，导致形势变

化的不确定性因素较多。特别是在新冠疫情之后，面对银行业经营环境即将发生的巨变，银行的管理思维、开拓士气和创新活力能否适应战略转型的雄心壮志，走出艰难的"跋涉期"，进入新的发展历程，这是银行业应当深刻思考的问题。

马克思主义社会科学方法论在与社会实践的互动中展示出自己所特有的开放性的科学体系。经济全球化和新的科学技术革命深刻地改变了当今世界的面貌，使人类社会的生产方式、生活方式和交往方式发生了并继续发生着历史性的巨大变化。恩格斯说："随着自然科学领域中每一个划时代的发现，唯物主义也必然要改变自己的形式；而自从历史也得到唯物主义的解释以后，一条新的发展道路也在这里开辟出来了。"

展望未来，经济全球化是世界历史发展的新阶段，我国经济下行压力加大，但稳中向好、长期向好的基本趋势没有改变。银行业是现代服务业的核心，在百年未有之大变局的经济格局下，特别是中国金融业即将迎来新一轮的全面对外开放，我国银行业面临的挑战与机遇并存。

一方面，银行业的发展面临挑战。世界经济增长持续放缓，目前仍处于国际金融危机后的深度调整期，世界大变局加速演变的特征更加明显，全球动荡源和风险点显著增多，银行资产负债表增长缓慢，信用风险上升且利差收窄，收入增长动能不足。国内经济结构性、周期性、体制性问题相互交织，"三期叠加"影响持续深化，部分地区和行业风险暴露。中美贸易摩擦仍然存在不确定性，股票市场和汇率市场的波动或将增大，防范化解金融风险任务艰巨。

另一方面，银行业的发展面临机遇。未来几年我国将继续坚持稳中求进工作总基调、新发展理念和供给侧结构性改革主线，"稳字当头"的宏观经济政策，为银行业深化改革发展和解决瓶颈问题提供了缓冲期。货币政策加大逆周期调节力度，疏导纾解利率传导机制，通过贷款市场报价利率渐进调整，合理降低实体经济融资成本。财政政策托底作用显著，大规模减税降费激发微观主体活力。宏观杠杆率过快上升势头得到遏制，债券违约处置机制不断完善，为银行业资产质量管理创造良好环境。区块链等新兴技术加快发展，为商业银行零售金融业务转型、金融科技抢占创新制高点指明方向。金融业对外开放不断深化，为银行业国际化发展带来历史性机遇。

研究社会系统的重要原则包括整体性原则、结构性原则、层次性原则和开放性原则。马克思和恩格斯认为，社会系统的不同层次上存在不同的特殊规律。如在社会大系统的最高层次上存在着生产关系一定要适合生产力，上层建筑一定要适合经济基础的规律。在深化改革和发展市场经济的过程中，必须坚持层次性原则，根据经济系统不同层次上的不同规律和要求，做到微观放开搞活，宏观管住管好。我国是社会主义国家，实行的是社会主义市场经济，把加强宏观调控与市场机制结合起来尤为重要。华夏银行的重大举措顺应了中国经济发展趋势，明确了当前及未来一段时间的挑战，充分认识并把握了经济转型中的机遇，坚持旗帜鲜明抓党建、一心一意谋发展；以深化结构调整和推动经营转型为主线，以差异化发展和精细化管理为抓手，着力聚焦京津冀、长三角、粤港澳三大重点区域发展；切实调结构、提质量、增效益、稳规模，切实增强发展的内在驱动力，全面提升经营质效，全面促进高质量发展；持续推动经营管理取得积极成果，持续推进全面从严治党向纵深发展，确保圆满完成发展规划纲要的既定任务目标。

人类社会是一个由低级形态向高级形态发展的过程，每一个过程的根本矛盾都有其特殊性，它规定了该社会形态的本质。每一个社会过程又经历了若干不同发展阶段，因此过程就显出阶段性。银行业的发展过程也体现了矛盾的特殊性和阶段性。从战略发展角度看，华夏银行长期依靠的中国经济高速增长驱动力日渐式微，高速发展积累下来的资产质量、业务结构、收入结构、人才结构等经营管理短板开始显现。因此，银行既要避免盲目地拥抱变化，以致走错战略方向，又要踏准新趋势的红利，走出迷茫的"舒适区"。战略管理在银行生存发展中的价值将更加凸显。从市场竞争格局看，第一梯队的"头部"优秀银行的 ROE（净资产收益率）水平有望达到 GDP（国内生产总值）增速的 3～4 倍，而发展战略摇摆不定、抱残守缺、墨守成规、盲目自信、创新动力缺乏的"尾部"梯队银行的 ROE 水平，仅能达到与 GDP 平均增速相当的水平，有些银行市场价值甚至会长期低于其资本成本。银行业战略性重组浪潮即将来临，可能有更多的中小银行将走向被收购兼并甚至个别破产倒闭的境地。

在社会矛盾系统中，各种社会矛盾和每一矛盾的两个方面，发展是不平衡的，其地位和作用也是不相同的。有主要矛盾和非主要矛盾、主要矛盾方面和非主要矛盾方面的区别。主要矛盾在事物发展中起着主导性的、决定性的作用，规定或影响其他矛盾的存在和发展；非主要矛盾在不同程度上制约和影响主要矛盾的存在和发展。从银行发展路径看，中国银行业必须甩掉"阿喀琉斯之踵"，发展金融控股集团是其重要战略选择。中国银行业将向精细化、敏捷化管理转变，打造"敏捷科技生态"，构建银行新核心竞争力，是银行未来发展重任。中国高盈利银行将普遍采用轻资本经营模式，智能金融将在未来银行业大行其道。从业务发展趋势看，打造卓越的交易银行产品与服务能力，成为商业银行绑定、维护高价值企业客户关系的关键手段。产投融结合业务将得到快速发展，供给侧结构性改革将释放新商机。零售银行业务将进入新的大发展时期，直销银行、虚拟银行将有巨大发展潜力。

五、前景与展望：从社会发展预测华夏银行的未来

人类社会是一个过程。世界是过程的集合体，社会历史过程的连续性和非连续性的统一，表现为社会历史过程中量变和质变的统一。马克思主义既明确肯定历史过程的前进性，又指出历史过程的曲折性，认为人类社会的发展是前进性和曲折性的统一，其总趋势是前进、上升的，其道路是曲折、迂回的。

社会历史过程是偶然性与必然性的统一，必然性通过偶然性表现出来，偶然性中蕴含必然性。科学地预见未来，是人们认识世界的重要任务。准确预见社会的发展趋势，制定和实施正确的战略规划，驾驭事态发展，影响历史走向，获得有利的结果，避免不利的结局，是社会科学研究者和实际工作者的理想追求。

认识和利用规律，预见和规划未来，是人的自觉能动性的表现，是人区别于动物的显著特征。在后疫情时期，全球地缘政治、经济金融贸易和科技

发展格局将发生大变革、大分化、大重组，银行业将彻底告别过去"高歌猛进"的"黄金"发展时期，进入艰苦的"跋涉期"，科学地预见未来显得尤为重要。

预期未来十年华夏银行的发展机遇和挑战并存，可以预见以下几个趋势：一是发展格局将发生重大调整，经营环境将发生空前巨变，需要逐步走出"舒适区"，战略管理重要性更加凸显，战略性重组浪潮即将来临；二是华夏银行可能从分业经营转向综合经营，以甩掉"阿喀琉斯之踵"，建立常态化的风险防控举措并发展金融控股集团；三是华夏银行将向精细化、敏捷化管理转变，通过精细化管理实现价值经营，通过打造"敏捷科技生态"构建银行新核心竞争力，通过金融科技驱动敏捷化和精细化管理；四是产投融结合业务将得到快速发展，立足北京城市副中心——通州区，华夏银行可能发现更多的投资商机与创新业务。

六、思考与感悟：发展总围绕人这一社会的主体

人的物质生产活动是最基本的社会实践活动，是社会历史发展的基础。要认识社会发展规律，就要从物质生产入手。马克思主义把社会关系分为物质关系和思想关系，用物质关系说明思想关系，从社会物质关系的变化中发现社会发展规律，又从一切社会关系中划分出生产关系，并把它当作决定其余一切关系的基本的原始关系。

人是社会的主体，人们通过追求自己的目的而创造自己的历史；人们通过满足自身需要而实现自身的发展，从而推动社会的进步。社会的发展实质是人的发展，人的发展是社会发展的根本目的和衡量尺度。人民群众是社会实践的主体，是推动历史发展的决定性力量。人民的利益，人民的幸福，是我们进行社会评价的最高标准。无论是北京城市副中心的设立还是华夏银行的入驻，都反映了一定的社会发展规律，但最终体现的是人民的利益，体现了社会主义"以人为本"的价值原则。同时也再次证明：人民群众是创造历史的决定性力量。

北京环球影城发展路径研究

产业经济学　郭佳俊

通州位于北京市东南部，京杭大运河北端，毗邻河北省和天津市，是北京城市建设的副中心，也是京津冀协同发展的重要战略节点。近年来，许多企业入驻通州，助力北京城市副中心建设。北京环球影城的全面建成，更是给通州带来了巨大的发展机遇。本文在介绍北京环球影城建设背景的基础上，分析了其在发展过程中面临的机遇和挑战，并据此提出合理的发展路径，以期为北京环球影城和通州文旅产业的发展提供借鉴。

一、北京环球影城的建设背景

（一）全球环球影城基本介绍

环球影城是美国 NBC 环球公司旗下的世界大型电影类主题乐园，与迪士尼、嘉年华并称为世界三大主题乐园，具有强大的市场影响力。1964 年，第一家环球影城——美国加州洛杉矶好莱坞环球影城开放营业。自此，环球影城成功从美国发家，开始向全球拓展。目前，全球共有五大环球影城园区，分别为好莱坞环球影城、奥兰多环球影城、新加坡环球影城、日本环球影城和北京环球影城。各地环球影城投入普遍较大，高达数十亿美元。根据 AE-COM（一家深受全球信赖的基础设施全方位综合服务企业）联合 TEA（主题娱乐协会）发布的《2018 全球主题公园和博物馆报告》，2018 年全球环球影城接待游客量达 5006.8 万人次，相比 2017 年增长 1.2%，增幅稳定，在主题乐园领域具有强大的 IP 影响力和市场规模。

环球影城的主要定位和特色在于还原电影主题，其园区设计包括四大功能板块：影视棚、影视广场、影视游览区和娱乐中心。为了呈现丰富多样的电影主题，环球影城与许多知名 IP 建立了合作，比如《速度与激情》系列、《侏罗纪公园》系列、《功夫熊猫》系列、《哈利·波特》系列以及迪士尼的漫威系列等。同时，环球影城还配备了高科技设施，引入了多达 40 余项的特效技术和先进的 VR（虚拟现实技术）手段来强化游客的视听感受。在场景布置上巧妙地融入新鲜元素，将电影与娱乐主题相结合。置身于环球影城，游客可以深入了解电影的制作过程，体验电影特技；还可以扮演电影角色，感受现场表演，获得沉浸式的游乐体验。

（二）北京环球影城的建设背景

北京环球影城位于北京市通州区，毗邻东六环和京哈高速公路，是世界第五座、亚洲第三座环球影城。2001 年，北京市政府与美国环球主题公园及度假区集团签署合作意向书，由美国环球影业电影公司和北京首都旅游集团共同出资，筹建北京环球影城。筹办约 20 年，修建近 7 年后，北京环球影城于 2020 年 10 月宣布核心工程全面完工，进入运营筹备期。经过多轮内测和试运营后，北京环球影城主题公园、两家度假酒店、北京环球城市大道于 2021 年 9 月 20 日正式向公众开放。

北京环球影城包含七大主题景区、37 处骑乘娱乐设施及地标景点、24 场娱乐演出、80 家餐饮和 30 家零售门店，总面积 400 多公顷。一期占地 159.57 公顷；二期占地 165.83 公顷，计划建设包含中国元素的主题公园，引入中国文化和孙悟空等 IP；三期计划建设水上乐园。2021 年 5 月 7 日，北京环球影城获"能源环境设计先锋"金级认证，成为全球首家获此殊荣的主题公园度假区。

二、北京环球影城的发展机遇

（一）国家的政策支持

我国对主题乐园的建设和发展尤为重视，先后颁布了多项政策来指导主题乐园的发展。2013 年，国家出台了《关于规范主题公园发展的若干意见》，界定了主题公园的范围，对主题公园的土地利用、建设运营和创新发展提出了具体要求。2018 年，国家出台了《关于规范主题公园建设发展的指导意见》，对主题公园的发展方式、发展质量和很多包括土地在内的细节操作问题做了规范，为新时期我国主题公园的发展指引了方向。另外，国家对旅游产业的发展也给予了高度的重视，2015 年国务院办公厅发布了《国务院办公厅关于进一步促进旅游投资和消费的若干意见》，提出要加强旅游基础设施建设，拓宽旅游企业的融资渠道，支持符合条件的旅游企业上市等。国家的政策支持为北京环球影城的发展创造了良好的条件。

（二）优越的地理位置

北京是中国的首都，位于中国北部、华北平原北端，是中国政治、经济、文化建设的中心，具有强大的客流量和世界影响力。而通州是北京城市建设的副中心，也是京津冀协同发展的重要战略节点。北京环球影城建于通州，会带动通州乃至整个北京文旅产业的发展。在市政交通方面，地铁环球度假区站于 2019 年正式运行，游客可乘坐地铁 7 号线东延线和八通线南延线前往游玩。影城地处高速立交出入口，东六环立交节点和京哈高速立交节点工程已顺利建成通车。另外，还有轻轨直通首都国际机场和北京大兴国际机场，便于外地游客落机后直接前往。可以说，优越的地理位置为北京环球影城的发展带来了巨大的机遇。

（三）庞大的消费市场

目前中国正处于消费升级的浪潮中，国民对旅游等服务性消费的需求不断增长，且在经济增速放缓的趋势下，旅游产业对稳增长的助力作用愈发凸显，这为环球影城的发展带来了新的机遇。艾媒咨询数据显示，当前我国旅游市场规模不断扩大，除 2020 年受新冠疫情影响外，近年来我国旅游总收入不断提升，国内旅游市场整体呈良好发展态势。当前，我国文旅消费正处于向品质化转型的阶段，在国内国际双循环尤其是国内循环对消费的促进作用下，越来越多的消费者愿意为高品质、多元化的文旅产品与服务买单。在此背景下，主题公园逐渐成为拉动文旅产业发展的重要帮手。根据艾媒咨询统计数据，2021 年中国 82.3% 的网民表示去过主题公园游玩，41.6% 的网民表示自己每半年去 1~2 次主题公园。而作为全球高水平的主题公园之一，北京环球影城对年轻人、影迷、亲子等不同类型的游客群体均有很强的吸引力，它的出现为中国文旅市场注入了新的活力。

（四）优质的 IP 资源

北京环球影城凭借其集团影视业务的发展与培育，拥有许多优质的 IP 资源，包括哈利·波特、变形金刚、功夫熊猫、侏罗纪、小黄人、好莱坞、未来水世界。每个 IP 对应一个园区，七大园区各具特色。哈利·波特景区让游客置身于魔法世界，体验探索霍格沃兹城堡的乐趣；变形金刚基地让游客与梅特罗贝斯一起，开启保卫地球之旅；功夫熊猫盖世之地让游客与阿宝一起，踏上成为一代武术大师的追梦之旅；侏罗纪世界努布拉岛让游客亲自面对霸王龙、迅猛龙和甲龙，开启惊悚冒险；小黄人乐园让游客与小黄人一起互动玩耍，观看精彩纷呈的表演；好莱坞景区让游客置身于好莱坞林荫大道，感受电影特效制作表演；未来水世界让游客置身于"水上战斗"，观看精彩逼真的水上特技表演。

（五）完整的产业链条

北京环球影城的盈利模式是门票收入占 30%，其他各项服务占 70%。其内部业态丰富多样，包括娱乐、休闲度假配套、餐饮、影视传媒、周边产品销售、内容制作等，各项设施及服务搭配完善且合理，差异化的布局充分满足了游客在食、住、行、游、购、娱等方面的需求。北京首都旅游集团有限责任公司副总裁于学忠表示，环球影城的全面建成，会对其纵向上游的文学作品、电影电视剧、动漫卡通等文化创意产业，纵向下游的衍生品、出版物、传媒、网络等制造业，以及横向的酒店、房地产、公共设施等服务业产生巨大的带动作用，为通州乃至北京及其周边地区的发展带来前所未有的机遇，促使北京向旅游城市转型，同时带动整体产业的转型升级，提高北京的城市竞争力。

三、北京环球影城的发展挑战

（一）强大的竞争对手

目前，我国主要的主题公园运营商有华侨城集团有限公司（以下简称"华侨城"），华强方特文化科技集团有限公司（以下简称"华强方特"），广州长隆集团有限公司（以下简称"长隆"），上海申迪（集团）有限公司（上海迪士尼），北京首寰文化旅游投资有限公司（北京环球影城）。华侨城旗下产品有欢乐谷、锦绣中华·中国民俗文化村和世界之窗等，主要分布在北京、上海、深圳等一线城市；华强方特旗下产品有方特欢乐世界、方特梦幻王国和方特水上乐园等，主要分布在芜湖、沈阳、重庆等地；长隆旗下产品有珠海长隆海洋王国、长隆欢乐世界和长隆国际大马戏等，主要分布在广州、珠海等地。从中国目前的主题公园分布情况和实力特征来看，能与北京环球影城形成竞争的主题公园主要有北京欢乐谷和上海迪士尼。

北京欢乐谷是华侨城旗下的主题公园，于 2006 年 7 月开放营业，位于北京市朝阳区，占地约 56 万平方米，由峡湾森林、远古文明·亚特兰蒂斯、爱琴港、失落玛雅、香格里拉、甜品王国和欢乐时光七大主题区组成。由于与北京环球影城只相隔 17 千米，北京欢乐谷的客群来源与环球影城极为相似。据有关数据统计，北京欢乐谷 84.9% 的游客来自京津冀地区，73.4% 的游客来自北京，因此势必会对北京环球影城形成一定的竞争压力。

上海迪士尼乐园位于上海市浦东新区，于 2016 年 6 月开园，占地 1.16 平方千米，是中国内地首座迪士尼主题乐园，主要园区有米奇大街、奇想花园、探险岛、宝藏湾、明日世界、梦幻世界、迪士尼·皮克斯玩具总动员。与北京环球影城相比，上海迪士尼乐园的 IP 主要是公主系列、玩具总动员、漫威系列和星球大战等。主要客群偏女性化、低龄化，且主要来自长三角等地。但由于迪士尼乐园本身巨大的影响力，势必会成为北京环球影城强大的竞争对手，分走部分客流。

（二）巨大的运营压力

公开数据显示，从北京环球影城筹备至今，围绕其建设的百余项市政配套工程总投资约 530 亿元，远超上海迪士尼乐园的 356 亿元，加上北京环球影城一期各项目的建设投资成本，累计已超过 1000 亿元。高额的建设投资成本，对北京环球影城的运营能力和创收能力提出了巨大的挑战。且随着通州地价的上涨和员工工资水平的提高，北京环球影城的运营成本只增不减。据悉，北京环球影城淡季门票 418 元，旺季门票 638 元，节假日门票 748 元，加上娱乐、购物、餐饮等，人均消费在 3300 元左右，即使在非黄金周，人均消费也达到了 2500 元。人均消费水平会直接影响客流量的持续性，而客流量的大小又是决定北京环球影城是否能够长期盈利的关键指标。但物价过高会导致客流丧失，即使地理位置优越，北京环球影城也照样难以实现长期稳定的经营。因此要想持续经营，园内的物价水平就必须设置在一定的档次。

（三）缺乏中国本土 IP

虽然北京环球影城拥有许多优质的 IP 资源，但纵观七大园区，只有功夫熊猫属于中国本土 IP，其余都来自国外。事实上，中国有许多优秀的 IP 文化，如精卫填海、女娲补天、夸父逐日、嫦娥奔月等。这些故事家喻户晓，传唱千古，却没有一个主题乐园融入这些文化，创造出经典的 IP 形象。这不仅是北京环球影城存在的问题，也是中国所有主题乐园存在的问题。未来，北京环球影城可以尝试以中国文化元素为主要内容，以美国表现手法为呈现形式，打造经典的中国 IP 形象，以更好地吸引国内外游客，突出北京环球影城的特色。从发展规划来看，北京环球影城已经计划在二期建设中引入包含中国元素的主题乐园，打造孙悟空等知名 IP。

（四）疫情的持续冲击

近几年，受新冠疫情影响，各地主题乐园的经营情况不容乐观。根据主题娱乐协会 TEA 和 AECOM（一家深受全球信赖的基础设施全方位综合服务企业）联合发布的《2020 全球主题乐园与博物馆报告》，2020 年，全球主题乐园前 25 名年度游客总量为 8310 万人次，相比 2019 年的 2.5 亿人次同比减少 66.76%。与其他国家相比，虽然中国因疫情防控措施到位，主题乐园的客流量下降幅度较小，但盈利水平仍大幅下降。2022 年 3 月，上海迪士尼乐园宣布暂停营业，这已是新冠疫情暴发以来上海迪士尼乐园的第三次闭园。继上海迪士尼乐园闭园后，天津海昌极地海洋公园，广州、珠海长隆度假区内的部分酒店也相继关闭。5 月 1 日，为落实疫情防控要求，北京环球影城也宣布暂停营业。事实上，开业初期，本应是客流增长的关键期，却因疫情被迫闭园，必然会造成很大的损失。

四、北京环球影城的发展路径

（一）培养中国本土 IP

目前，中国主题乐园行业处于爆发期，整体旅游趋势向高端休闲度假业态发展。无论是主题乐园、特色小镇还是休闲度假村，都需要强大的 IP 作支撑，在游乐设施、配套服务等逐渐同质化的时代，IP 逐渐成为主题乐园类产业的核心竞争力。但数年来，中国主题乐园对本土 IP 形象的深耕几乎是空白的，不仅缺乏 IP 设计的专业能力，更缺乏培育周期。在这种局势下，如果北京环球影城能打造出独特的中国本土 IP，无疑会在主题乐园中脱颖而出，筑起行业壁垒。一方面，一个成熟 IP 的培育需要较长的时间周期，需要制订长期全面的培育计划，并给予充足的培育时间，以便保证 IP 的培育质量。另一方面，IP 培育的关键是对 IP 形象赋予动人且丰富的故事和内容。北京环球影城可以利用自身优势对一些中国特有的文化元素进行二次开发，如神话故事、寓言故事、历史事件、文学作品形象、影视形象等。值得注意的是，在 IP 培育领域，从设计、营销到培育业态的选择，再到场景的搭载要引入专业的团队。因为好的故事和内容需要更充分的构思和专业的设计，并辅以营销支持，方能生动立体。

（二）探索夜间经营新模式

在疫情防控的重压下，北京环球影城仅在白天营业难以满足广大游客的需求，夜间逐渐成为游客释放消费潜力的重要时段。目前主题公园的夜间经营市场尚未打开，已有主题公园的夜间旅游产品仅限于观赏演艺，且经营时间也未涵盖凌晨这一时间段。如果北京环球影城开拓出夜间经营新模式，必然能弥补因疫情带来的营收损失。一方面，开发夜间旅游产品不是对白天的旅游项目进行复制粘贴，而是对白天旅游进行延伸，夜间可以减少设施依赖性项目，增加剧情类互动产品和沉浸式体验产品。如加拿大数字多媒体艺术工作室 Moment Factory 出品的系列夜游项目，将纯观光的夜游产品转型为沉浸式的体验产品，让游客在感叹声光电打造的奇妙瞬间提升认知。另一方面，发展夜间旅游，除了增加演艺类产品，更重要的是要规划夜游系统、设计夜游内容，具体可以将哈利·波特、变形金刚、小黄人等主题 IP 与剧本杀、真人游戏、夜间探险等活动相结合，形成夜间产品独特的卖点。同时还要注意做好安全管理，打消游客夜间出行的安全顾虑。

（三）优化游客娱乐体验

针对主题公园普遍存在的排队时长以及节目内容有待丰富完善等问题，北京环球影城要积极推动数字化旅游服务设施的构建与全方位覆盖，利用文化与科技提升游客的体验感。首先，考虑到游客消费层次的不同，针对时间敏感性游客，要依据时间划分等级，设置动态化的项目快速通行票价机制。其次，要深入思考如何通过人工智能与人工服务相结合的方式提升园区的服务质量，如何采用大数据与空间位置技术（LBS）减少热门项目的等待时间。最后，尽管各主题公园最受欢迎的骑行体验在为游客营造沉浸式氛围的过程中呈现科技创新性，但整个园区在科技感的营造上与游客期待还有一定差距。北京环球影城应考虑如何借助前沿的高科技应用成果来丰富产品与演艺节目内容，将创新技术更加广泛地融入外围产品的打造过程。如将 VR/AR 技术应用到游玩项目中，日本的 TeamLab 光影互动展通过电脑程序打造出梦幻虚拟花海与观众产生实时互动，值得借鉴。

（四）提升区域带动作用

北京环球影城对通州文化旅游区的建设、城市副中心高质量发展及北京文旅产业的发展具有多方面的带动作用。通州文化旅游区是北京城市副中心"3+1"主导功能的重要组成部分，也是城市副中心践行新发展理念、融入新发展格局、实现高质量发展的重要载体。北京市政府与通州区政府及相关部门应更加重视北京环球影城发展所需，在土地、交通、环境、税收、人力资源等方面予以支持，从宏观层面把控北京市整体文旅产业和北京环球影城发展之间的互动与影响，统筹协调好政府、企业、度假区、当地居民之间的关系，充分发挥和提升北京环球影城的带动作用，促进多方共赢。具体可以从以下三点着手：

一是加强配套建设，形成互补联动。目前，通州文化旅游区以北京环球影城为中心，周边连接张家湾设计小镇和台湖演艺小镇，构建起城市副中心的休闲度假区。未来，政府要着力加强通州文化旅游区与其他文化区之间的互动，增强区域间的联系，充分挖掘、整合周边已有文化和旅游资源，做好度假区内外产品间的联动。一方面，要提升周边配套设施的供给能力，继续完善基础设施建设，不断提高线路通达便利度。另一方面，要保障民宿供给，做好周边民宿行业的规范化发展工作。通过完善周边民宿供给，提高其承载力，增加游客的可选择性，承接北京环球影城的消费溢出，通过客源分层、分流达到供求平衡，从而实现区域有序发展。

二是吸引文旅投资，打造产业集群。一方面，要借力北京环球影城知名IP及其衍生品，吸引文旅投资及相关文化产业、创意产业进驻，打造文化创意产业基地，同时吸纳优秀人才，共同促进文化旅游区的高质量发展。另一方面，要以北京环球影城为核心，促进文化产业、动漫产业、创意产业、新媒体产业、旅游地产等在其周边聚集形成集群，对北京环球影城及副中心城市的空间不断进行功能的扩展与叠加，最终将北京环球度假区打造成具有规模效应的文化和旅游产业集群，真正实现以产促城、产城融合的发展目标。

　　三是打造区域休闲形象，带动区域发展。通州文化旅游区要以北京环球影城为核心区域，融合其 IP 形象，塑造兼具国际国内影响力的区域特色品牌，实现为北京环球影城以及通州文化旅游区持续引流的功能；要注重文化旅游区休闲氛围的提升，将通州文化旅游区打造成游客休闲度假的首选之地。此外，还要扩大辐射范围，吸引京津冀地区游客到访，满足其休闲度假需求，推动京津冀区域一体化发展。

北京环球影城

——通州的必打卡地标

国际贸易学　张　晨

2021 年 9 月 20 日，影响中国旅游产业的一个大 IP——北京环球影城正式投入运营。这意味着筹建约 20 年、修建近 7 年的中国又一头部巨型文旅项目正式面世，这对北京城市副中心的建设与发展具有标杆意义。

一、北京环球影城为何落地北京通州

2001 年，北京市委、市政府就明确表示要在通州建设文化旅游区。建设北京城市副中心是国家战略，同时也是北京市"十三五"时期的重点工作。党的十九大以来，习近平总书记更是作出了"中国特色社会主义进入了新时代"的重大判断，促使通州作为北京城市副中心的发展进入新时期。按照城市副中心的建设规划，通州文化旅游区成为北京城市副中心三大功能的主要承载地之一，面向国际现代化时尚旅游目的地，高端文化创意产业聚集地和满足人民对美好生活向往之地。

城市副中心相对中心城市来说是副的中心。这就意味着：第一，是副的，自然与主城区的定位有所不同，二者不是竞争关系，而是补充关系，而且还要体现出承接中心城区功能和人口疏解；第二，依然是中心，在特色产业等方面既有别于中心，又要辐射带动周边地区，如河北省廊坊北三县等。

通州在建设北京城市副中心的规划上，对于交通、城市规划、水利、旅游和文化等各个方面都提出了更高的要求。而北京环球影城选址落地通州，更是在各个方面提升了通州的实力。通州位于京津冀的发展腹地，位于北京的东南部，距离天安门 20 千米，距离天津港、雄安新区近 100 千米，毗邻京哈高速、东六环，地铁 7 号线东延线、八通线南延线等 4 条轨道交通直通园区。为了提高承载力、建设国际化产业园区，政府更是加大力度进行基础设施建设，大型项目共计 72 个，总投资超过 500 亿元。

北京环球影城位于北京通州文化旅游区，处于台湖、张家湾、梨园三镇交会处，京哈高速和东六环路交会处西北角，规划占地面积 120 公顷，总投资超过 200 亿元。建设北京环球影城的目的之一是将其建成中国最大的面向全球的文化旅游区，这就要求所选之地要符合以下几个条件：有足够的未建设用地可以开发利用；有足够的经济条件和便利的交通环境；有足够的文化底蕴和特色融合于好莱坞文化。综合上面几个条件，北京是最好的选择。北京作为中国首都，是我国历史文化中心和行政中心，有着发展成熟的旅游业，长城、颐和园、圆明园等名胜古迹更是充分体现了中国深厚的文化底蕴。北京市统计局数据显示，在未受到新冠疫情影响之前，北京市主要景点（旅游区）每年接待旅游人数基本维持在 3.0 亿～3.2 亿人次，境外旅游人数可达 738 万人次。而通州，不仅是城市副中心，更是京津冀协同发展的重要枢纽，自然是北京环球影城地址的不二之选。从人口数据结构上看，京津冀地区 2020 年北京常住人口为 2189.3 万人，天津市常住人口为 1386.6 万人，河北省常住人口为 7461.2 万人，加上三地协同发展战略，布局了庞大的交通网络，使得北京与周边城市的通勤时间基本缩短至 1～2 小时。北京环球影城既享受了北京作为旅游城市的客流量红利，又缓解了热门景点节假日疯狂拥堵的现象。由此可见，北京环球影城落户通州，是互惠互利、相辅相成的。

二、北京环球影城对通州及周边的带动效应

公开数据显示，北京环球影城是亚洲第三家环球影城主题公园，由北京首寰文化旅游投资有限公司和康卡斯特 NBC 环球公司旗下的环球主题公园及度假区集团合资拥有，其股权比例分别为 70% 和 30%。北京环球影城首期投资逾 200 亿元，未来几期项目总投资预计逼近 1000 亿元。山西证券在研究报告中分析，北京环球影城开业初年，中性估算年均客流量约 1500 万人次。中

信建投证券研究报告分析，北京环球影城经营成熟后，年接待游客数量达1500万～2000万人次，客单价超1500元，每年营业额可达250亿～300亿元；2020—2021年，北京市旅游收入年均增长率达7%～7.5%，预计拉动全市餐饮、酒店、商业中心客流提升约15%，参考2019年数据，即带来全市旅游购物、餐饮、酒店等相关产业的年产值增量超650亿元；项目成熟后，直接和间接产生的年经济效益增量达1000亿元，此数据相当于2019年北京地区生产总值的3%。

2021年9月14日，北京环球影城门票正式开售。从9月14日起，北京环球度假区官方App、微信小程序、各在线旅游平台等均同步开放购票页面，游客可以购买9月20日至12月12日的门票。携程披露的数据显示，此前，携程平台超过10万人预约北京环球度假区门票开售提醒，9月13日即门票开售前一天，北京环球度假区的搜索量比前一日增长了900%。

北京环球度假区门票开售，最显著的影响就是附近酒店搜索量的增长。去哪儿数据显示，北京环球度假区门票开售后的半小时内，附近酒店的搜索量比前一时段（门票开售前半小时）增长超7倍；携程数据显示，门票开售30分钟内，北京环球影城大酒店开园当日房间售罄；澎湃新闻发现，在携程平台上，距离北京环球度假区约4.4千米的琳宜精选酒店9月19日、9月20日的房间均全部订满。据北京通州此前发布的数据，2021年9月20日开园的是北京环球度假区一期项目，预计年接待游客超过1000万人次。待三期项目全部建成后，预计年接待游客超过3000万人次，北京环球度假区将成为全球规模最大的环球主题公园，年营业收入达数百亿元，带动百余个行业直接或间接受益。

三、北京环球影城发展机遇及挑战

我国在主题公园建设上起步较晚，但自上海迪士尼公园建成落地后，主题公园慢慢进入大众视野，中国的主题公园建设与日俱增。有关数据显示，近年来我国主题公园的年注册量正逐年上涨，即使受新冠疫情的影响，2020年我国仍新增2.6万家主题公园，较2019年上涨54%。因此，从整个行业来看，国内主题公园类的文化旅游产业远远未达到饱和状态，这意味着北京环球影城的未来发展前景巨大。通州作为城市副中心，未来的城市建设、经济实力等各个方面都会有大幅度提升，这必将反过来促进北京环球度假区的建设。根据北京市政府及文化和旅游局的指示，目标是建设以环球影城为中心，集旅游、文化、科技于一体的北京环球度假区，这必将进一步增加通州区的财政收入，解决通州以及京津冀的部分就业问题。北京环球影城的建立和北京城市副中心的建设相辅相成，相互促进，产生了积极的良性循环影响。

然而，在发展过程当中，北京环球影城也面临着一些挑战。从 2020 年以来，新冠疫情肆虐，中国共产党秉承人民至上、生命至上的理念，积极采取了一系列措施进行抗疫，阻止新冠肺炎疫情在我国大肆传播。为了更好地落实国家政策，自从开园之日起，北京环球影城就采取了限流措施，避免人员密集，这在很大程度上影响了北京环球影城的门票收入。随着北京疫情的恶化，自 2022 年 5 月 1 日起，北京环球度假区及北京环球影城大酒店等场所全部关闭。这不仅使北京环球影城的后续建设受到很大阻碍，更考验着北京环球影城的资金链。

除此之外，北京环球影城陆续被曝出"霸天虎过山车半空悬停""酒店毛巾不换、马桶不刷"等消息，一时间，北京环球影城的服务品质引发热议，给环球影城的未来发展敲响了警钟。"天价餐饮""40 元的冰激凌""20 元的矿泉水"等天价消费问题同样引起了讨论。如何在追求收益的同时保障定价的合理性，如何在解决人满为患的同时保障消费者的服务体验，如何在大批量解决通州及其周边地区就业的同时保障服务质量，这些都是北京环球影城亟须解决的问题。对服务细节的把控，尤其是对开业爬坡期服务质量的把控尤为重要。北京第二外国语学院旅游科学学院副院长李彬认为："疫情期间的防疫措施，中国游客对于排队时间的容忍程度，也是考验园区服务质量的地方，除此之外，对于服务补救措施的预案也尤为重要。"

如何将中国特色文化与美国环球文化融合并建立中国特色主题园区也是将要解决的难题之一。开园前夕，北京环球度假区总裁兼总经理苗乐文曾介绍："第一期园区内有很多中国元素，园区内功夫熊猫主题景点有不少沉浸式的体验，还包含很多具有中国文化特色的元素；园区内一条景观水系，包括了中国诗歌元素，是由萧太后河改道而成；园区内的诺金度假酒店，整体采用中式风格打造；等等。"然而正式开园后功夫熊猫景点却被疯狂吐槽，被评为最不好玩的景点之一。所以，如何在弘扬中国本土文化的同时，使中国文化主题园区不显得突兀，自然地融入园区，将中国特色主题园区建成北京环球影城的必打卡景点，依然有很长的道路要走。

四、北京环球影城的未来发展路径

（一）顺应京津冀一体化

北京联合大学在线旅游研究中心主任杨彦锋乐观地表示："京津冀属于非常纵深的人口密集区，肯定能支撑环球影城这种大型主题乐园品牌的发展。在文旅融合的背景下，人民群众对文化、娱乐休闲、艺术、博物馆的需求都在大幅度提升，刚性需求也越来越强。将配合原来首都的剧院、剧场、博物馆、艺术宫等资源，共同丰富首都的文化娱乐综合功能。"

北京环球影城的单次票价为淡季418元，平季528元，旺季638元，节假日748元，而年卡为1288元，相对合理，这就会吸引大量游客购置年卡。而吸引游客办年卡的必要条件就是交通便利，如果可以扩大常客的范围，从北京扩大至京津冀地区即首都两小时经济圈，就会大大增加北京环球影城非节假日和平淡季的收益。这样不仅可以进行旺季的人员分流，减少排队拥挤现象，提高服务质量和顾客满意程度，也可以给北京环球影城带来稳定收益，稳固资金链。所以，为了增加北京环球影城的收入，必然要顺应京津冀一体化，将京津冀人民变成北京环球影城的常客，同时这与通州的城市建设密切相关。

（二）与北京城市副中心建设相辅相成

通州的城市建设要不走老路。虽然大型商业企业对入驻通州发展的意愿非常强烈，但发展模式有待创新。一是消费结构升级的对象从商品转向服务，不能所有的购物中心都做成儿童娱乐城或者餐饮城，要与北京中心城市功能形成竞争关系。而通州作为城市副中心，要与主城区形成互补关系，那么建设大型文娱产业度假区——北京环球度假区就是通州服务经济发展的关键一环。以环球影城主题公园为中心，建设周边集吃穿住行于一体的高端文娱服务产业，无疑是商品经济转向服务经济的创新型举措。二是在业态构成上，既然是城市副中心，就要有一些新型、前瞻性的商业业态率先落地通州，从而形成示范，再复制推广至其他区域，进一步巩固"中心"的定位。北京环球影城作为继上海迪士尼乐园之后的我国首家大型主题公园，开创了中北部地区的先河，起到了示范引领作用。

（三）夯实基础设施建设，保证服务质量

一个企业或者品牌能够长盛不衰的根本原因在于自身的经营和产品质量，即便是占尽了天时地利，但最重要的依然是人和。北京环球度假区要想一直持续火爆的状态，要做到以下几点：提升服务质量，保证服务的一致性；提升园区内各景点的吸引力，将中国文化融入其中，建成真正符合中国人审美标准的文娱产业园区；妥善解决火爆期间的排队、垃圾满地等问题，做好园区内的后勤保障工作；解决好北京环球影城周边住宿问题。去哪儿数据显示，北京环球度假区官宣开园日期后，周边酒店预订热度增长超 10 倍，整个北京酒店搜索热度增长达 3 倍，大多数游客选择在北京环球影城周边多住 1 晚。记者通过携程搜索北京环球影城周边的酒店，发现大部分酒店以经济型酒店为主，高端酒店仅有一家即通州北投希尔顿酒店，这对于大部分追求娱乐体验、住宿体验的游客来说是远远不够的。针对北京环球影城周边住宿配套问题，李彬认为，基于研究上海迪士尼乐园等主题公园经验，周边覆盖的酒店至少应以中端为主，然后配备一些高端酒店甚至民宿。北京环球影城也一样，需要解决住宿与定位人群不符的问题。

浅析华夏银行副中心分行的成立

国际贸易学　牛佳鑫

一、华夏银行副中心分行概况

华夏银行股份有限公司北京城市副中心分行（以下简称"华夏银行副中心分行"）成立于 2020 年 2 月 18 日，经营范围包括吸收公众存款；发放短期、中期和长期贷款；办理国内外结算；办理票据承兑与贴现；代理发行、代理兑付、承销政府债券；从事同业拆借；买卖、代理买卖外汇；从事银行卡业务；提供信用证服务和担保；代理收付款项及代理保险业务；提供保管箱业务；总行在国务院银行业监督管理机构批准的业务范围内授权的业务。华夏银行副中心分行属于华夏银行股份有限公司（以下简称"华夏银行"）在北京地区的分行。华夏银行实行一级法人、总分支行垂直管理体制：总行是全行的领导机构，对分支行实行授权管理；分支行不具备独立法人资格，在总行授权范围内依法开展业务活动，并对总行负责；总行对分支行的主要人事任免、业务政策、基本规章和涉外事务等实行统一管理。

自华夏银行副中心分行开业以来，华夏银行在行政办公区、金融商业区、生活服务区等区域积极进行网点布局。目前，华夏银行副中心分行下辖 4 家综合支行、1 家社区支行，正在筹建小型支行 1 家，并考虑设立自由贸易试验区支行若干家，致力于将优质的金融服务带至更多客户身边。不仅如此，华夏银行副中心支行在税收方面积极支持通州区政府，开业当年即实现纳税超过 1000 万元；狠抓重点项目落地，并取得了实质性突破。一系列关乎未来图景的项目背后，都有华夏银行副中心分行的倾力支持：城市副中心重要建设平台——北京通州投资发展有限公司 100 亿元授信顺利获批并逐步提款；为城市副中心战略合作伙伴——光大集团一级子公司中国光大实业（集团）有限责任公司提供信贷支持 5 亿元；北京经济技术开发区核心国企——北京亦庄国际投资发展有限公司 28 亿元授信顺利获批并开展合作；为区域内"民生共享组团"的京贸国际城、京贸国际公馆项目提供信贷支持约 24 亿元……三百多个日夜的奋斗，为北京城市副中心的快速发展注入新的能量。

近年来，华夏银行副中心分行积极服务北京城市副中心的各类民生项目。根据相关规划，该行着力推进区域内保障型住房和教育、医疗等建设，加大对通州老城平房区、棚户区改造项目一期等的投入力度，助力海绵城市试点工程中国人民大学通州校区、首都儿科研究所附属儿童医院通州院区、通州区养老院等民生项目落地。为构建公平普惠的民生服务体系，华夏银行副中心分行积极践行零售业务转型发展战略，提高专业、优质的金融服务水平，全力服务城市副中心建设。新冠疫情暴发以来，华夏银行副中心分行主动克服疫情对零售业务的严重影响，做好对经营单位的培训和督导，零售业务转型初见成效。截至 2020 年 12 月底，华夏银行副中心分行个人客户总量达 35 万户，较 2020 年年初新增 3 万户；个人客户金融资产总量达 80 亿元，较 2020 年年初增长 11 亿元，增幅 15.9%；储蓄存款规模达 30.5 亿元，较 2020 年年初增长 3 亿元，增幅 10.9%；个人贷款投放较 2020 年年初增长 3.4 亿元，信用卡新增发卡 2300 张。

自入驻通州以来，华夏银行副中心分行始终坚持"绿水青山就是金山银山"的理念，助力打好污染防治攻坚战。通过绿色信贷以及各种绿色金融产品支持通州的生态文明建设，同时，逐步把区域生态环境、配套服务的环境优势转变为夯实产业发展的基础，推动高质量发展的红利。

二、华夏银行入驻北京城市副中心的动因分析

在对华夏银行入驻北京城市副中心的动因分析过程中，笔者尝试运用社会系统研究方法，从自身、行业、国内、国际四个方面对华夏银行进行分析。

（一）华夏银行自身分析

在新冠疫情影响下，全球大变局加速推进，国家、地区间的金融博弈不断加深，金融行业的发展重心已加快向以中国为代表的亚太地区转移。在这样的大环境下，金融与科技产业成为各大城市竞相布局的"战略风口"。越来越多的城市、区域将巩固金融中心发展、提升金融产业实力作为"十四五"期间的重点策略之一，竞相出台利好措施以吸引金融企业落地。进一步来说，商务金融是北京城市副中心的重要功能之一，城市副中心定位确立之后，其商务服务就与北京其他区域的 CBD（中央商务区）定位相脱离，与北京中心城区 CBD 形成"一主一次"关系，未来北京商务办公金融格局将由"一主带多点"转向"一主一次多点"。

此外，《北京城市副中心控制性详细规划（街区层面）（2016 年—2035年）》明确指出，规划建设城市副中心要处理好和东部各区、河北省廊坊北三县地区（以下简称"北三县"）激活带动、协同发展的关系，将城市副中心建设成为东部综合服务中心和枢纽，实现以点带面、区域共进。由于城市副中心和北三县在发展机会和发展空间等方面具有互补性，如果城市副中心的产业链能在北三县布局，实现落地转化，将为北三县发展带来质的飞跃，并实现高质量发展。而华夏银行为了能够抓住利好的战略机遇，在优势区位布局，积极响应北京市委、市政府的号召，积极支持北京城市副中心建设，将分行设立在通州区，助力我国首都打造国际一流的金融产业生态。

（二）副中心银行业分析

通州在区位上紧邻北京 CBD，距国贸中心仅 13 千米，又处于环渤海经济圈的核心枢纽部位，地理优势明显。此外，自 2017 年提出将通州作为北京城市副中心，承接北京中心城区的行政、商务 CBD、文旅及部分科技创新功能后，通州区也顺势提出将重点发展现代金融产业，高水平建设全球财富管理中心和绿色金融国际中心的重要承载区。目前，通州发展金融产业的氛围和集聚效应已经初步显现。

根据通州区人民政府发布的《北京市通州区统计年鉴（2020）》，2019年通州区全区金融业主要指标实现快速增长。经初步核算，全区金融业增加值达74.8亿元，同比增长11.1%，占全区GDP 7.1%，占第三产业12.0%。金融业存贷款规模保持较高增速，截至2019年12月底，全区银行业金融机构人民币各项贷款余额为1132.7亿元，比年初增加237.7亿元；金融机构人民币各项存款余额为3638.5亿元，比年初增加331.6亿元。金融业收入、利润均实现稳健增长。全区银行业金融机构资产总额同比增长5.6%，收入、利润分别同比增长5.8%和6.8%。并且，通州区作为副中心，其金融业服务实体经济的能力不断提升，区域金融体系逐步完善。截至2019年12月底，全区有银行、保险、证券、财务公司等各类持牌金融机构72家，小额贷款公司、融资担保公司、典当行、融资租赁公司、交易场所等"7+4"类金融机构35家，逐步形成以银行、证券、保险为主体，各种新兴金融业态并举的金融体系。金融机构层级逐步提高。比如，银行业方面，通州区28家银行中有一级分行2家，二级分行8家，营业网点151个。

从以上数据可以看出，副中心银行业发展态势良好。随着金融业，营商环境的不断优化，北京城市副中心未来还将吸引一大批国际国内知名财富管理机构，不断提升区域金融吸引力和副中心银行业的品牌影响力。因此，这也是华夏银行选择将分行设立在北京城市副中心的一个重要原因。

（三）国内形势分析

2019年国民经济运行总体平稳，发展质量稳步提升，主要预期目标较好实现，为全面建成小康社会奠定了坚实基础，即中国经济稳中向好、长期向好的基本趋势没有改变。经初步核算，2019年国内生产总值990865亿元，按可比价格计算，比2018年增长6.1%，符合6%~6.5%的预期目标。2019年，消费对经济增长的贡献率为57.8%，拉动经济增长3.5个百分点，且连续6年成为经济增长的主要动力。资本形成对经济增长的贡献率为31.2%，拉动经济增长1.9个百分点。货物和服务净出口对经济增长的贡献率提升至

11.0%，拉动经济增长 0.7 个百分点。2019 年三次产业增加值占 GDP 的比重分别为 7.1%、39.0% 和 53.9%，与 2018 年相比，第一产业比重提高 0.1 个百分点，第二产业比重下降 0.7 个百分点，第三产业比重提高 0.6 个百分点，经济结构持续优化。2019 年，全国固定资产投资（不含农户）551478 亿元，比 2018 年增长 5.4%，比 2018 年回落 0.5 个百分点，金融业增加值增长 7.2%，金融业商务活动指数位于 55.0% 以上的较高景气区间。因此，国内经济形势有利于银行业的发展，这也是华夏银行选择入驻北京城市副中心的一个原因。

（四）国际形势分析

2019 年全球经济贸易增速显著放缓，国外直接投资大幅下降，主要发达经济体增速持续下行，新兴经济体下行压力加大。世界各国尤其是发达经济体的货币与财政政策的效果减弱，全球总需求不足严重抑制了世界经济的增长。2020 年年初受新冠疫情影响，全球经济陷入衰退状态，衰退程度甚至超过了 2008 年爆发的全球经济危机，成为 20 世纪 30 年代世界经济大萧条后最严重的经济衰退。因此，华夏银行选择 2020 年在北京城市副中心设立分行也可能是由于国外投资低迷，而国内城市副中心的建设亟须银行等金融机构的扶持，把主要业务放在国内发展上，可以打牢根基，积蓄力量。

三、华夏银行副中心支行当前发展中面临的挑战与机遇

（一）挑战

当今世界正在经历百年未有之大变局，新冠疫情肆虐全球，经济下行压力加大，银行业在支持实体经济的过程中也遇到一些困难。比如，受新冠疫情冲击严重的行业企业，经营收入不稳定，难以按期偿还银行贷款，银行机构不良贷款反弹压力较大；部分企业融资以维持现有流动性为主，少有新增或扩大融资意向，有效融资需求相对萎缩等。

（二）机遇

《北京市国民经济和社会发展第十四个五年规划和二〇三五年远景目标纲要》（以下简称《北京"十四五"规划纲要》）明确提出，"十四五"时期城市副中心建设要坚持一年一个节点，每年保持千亿元以上投资强度，全市各方面资源优先向城市副中心投放。城市副中心是北京重点建设方向和财政支出的重点方向，每年千亿元以上的投资规模是基于北京财力和科学评估的慎重决定，不会因为国际国内形势、疫情反复等外部压力而变化。目前，北京城市副中心仍处于建设期，到 2035 年，现代化北京城市副中心要基本建成。副中心的经济增长从投资拉动转向消费和产业拉动仍需时日。在前期建设过程中，通过投资推进道路等基础设施项目落地，"筑巢引凤"，才能带动相关产业发展，最终实现城市副中心高水平自主发展。因此，这对于华夏银行副中心分行来说是发展机遇期。根据社会矛盾分析法，我们知道挑战和机遇是一对矛盾，所以华夏银行副中心分行应注意把握这对矛盾的对立统一关系，注重研究不同过程和阶段矛盾的特殊性，跟着政府的规划目标走，切实服务于城市副中心各个阶段的发展目标，从而实现双赢。

四、华夏银行副中心支行未来的发展前景与路径

企业要想确定未来的发展前景以及相应的发展路径需要经过多方面的考虑。首先，企业发展前景主要受国家政策的影响。在某段时期内，国家大力支持某行业的发展，那么对处于该行业中的企业来说就是利好消息，说明该行业未来有光明的发展前景；反之，在某段时期内，国家不支持某行业的发展，甚至打击该行业，说明该行业要么该转型了，要么快没落了。其次，企业发展前景也会受到行业发展与竞争状况的影响。如果一个行业发展态势良好，就会产生激烈竞争，这对处于该行业中的某个企业来说是把双刃剑，如果该企业抓住了发展机遇就会迎来好的发展前景；如果该企业抓不住机遇就会被其他企业的浪潮盖过，从而逐渐没落。最后，企业的发展前景受自身条件的限制。如果一个企业出现管理不当、产品落后、员工懒散、创新不足等

问题并没有改善的趋势，那么这个企业很快就会发展不下去。因此，华夏银行副中心支行未来的发展前景也需要从以上三个方面进行研判，一旦确定了发展前景就可以制订相应的发展方案，从而全力以赴奔向未来。下面从三方面具体谈谈华夏银行副中心支行的发展前景以及发展路径。

（一）根据国家及地方政策背景制定

1. 紧跟区域布局，全力服务城市副中心建设

根据《北京城市副中心（通州区）国民经济和社会发展第十四个五年规划和二〇三五年远景目标纲要》，"十四五"时期北京城市副中心将会保持每年千亿元以上的投资强度，计划五年实现 8000 亿元投资。在此背景下，华夏银行副中心支行应紧跟北京城市副中心发展规划，全力服务重点领域项目建设，积极投身北京城市副中心着重发展建设的项目，如为职工周转房项目、城市副中心集体土地项目、城市绿心项目、北京环球度假区、凉水河水环境综合治理、萧太后河（环球影城段）改线工程等项目提供融资支持。

2. 紧跟国家战略，全力服务京津冀协同发展

华夏银行副中心分行应积极响应《京津冀协同发展规划纲要》有关要求，围绕非首都功能疏解及京津冀重点项目全力做好金融服务。由于小微企业是发展的生力军、就业的主渠道、创新的重要载体，因此党中央、国务院高度重视小微企业的发展，要求金融系统加大对实体经济特别是小微企业的支持力度，推动普惠小微贷款明显增长、信用贷款和首贷户比重继续提升。为贯彻落实党中央、国务院关于稳增长稳市场主体决策部署，针对当前疫情冲击影响部分行业企业困难增多，以及金融机构内生动力不足、外部激励约束作用发挥不充分等问题，2022 年 5 月，中国人民银行印发《关于推动建立金融服务小微企业敢贷愿贷能贷会贷长效机制的通知》。华夏银行副中心分行应积极响应党和国家的号召以及央行提出的建议，未来要通过健全容错安排和风险缓释机制，增强自己敢贷的信心；强化正向激励和评估考核，激发自己愿贷的动力；做好资金保障和渠道建设，夯实自己能贷的基础；推动科技赋能和产品创新，提升自己会贷的水平。

3. 紧跟政策部署，全力服务"两区"建设

华夏银行副中心分行将服务"两区"建设纳入华夏银行"十四五"时期发展规划与 2035 年远景目标，并将"做好两区建设金融服务"确立为 2022 年总行级重点研究课题，主动对接政府机构及监管部门，积极落实工作要求，深入践行"两区"建设政策方针。为了更好地践行"两区"建设政策方针，华夏银行副中心分行进一步整合专业人才、信贷资源、专业操作、创新试点、科技赋能，发挥网点特色化金融效能，升级"两区"金融服务方案；为"两区"客户量身打造全链条自贸金融服务；紧跟政策落地节奏，稳步开展"两区"创新产品研发，推动与海关总署、地方电子口岸接入海关"单一窗口"项目工作，跟进本外币一体化账户和相关政策，持续推进跨境电商项目；进一步落实贸易便利化。华夏银行副中心分行通过跨境专业产品和优质服务，切实服务实体经济，助力北京"两区"金融建设向纵深发展。

（二）根据银行业发展背景制定

一方面，着眼于全国银行业，2022 年以来，中国银行保险监督管理委员会强化监管引领，深入推进银行业改革开放，持续提升服务实体经济质效，坚决守住不发生系统性金融风险的底线，要求增加和改善金融供给，持续加大银行业对实体经济的支持力度。另一方面，着眼于北京城市副中心的银行业，深知"绿色"是北京城市副中心的底色，而"绿色金融"则是北京城市副中心的一张名片。

因此，华夏银行副中心支行未来的发展前景要想稳定向好，一方面，努力推进本行改革开放，持续加大对城市副中心实体经济的支持力度，持续增加信贷投放总量，优化信贷结构，降低融资成本，做好延期还本付息政策接续。另一方面，要把国家"碳达峰、碳中和"目标和绿色发展理念贯穿业务始终，将包括金融同业客户在内的绿色金融领域客户列为重点客群，认真梳理分析客户特点及其绿色板块业务。特别针对金融租赁公司，结合自身直接支持实体企业的特点，挖掘对接绿色企业和绿色项目。

（三）根据华夏银行副中心分行自身背景制定

自 2020 年开业以来，华夏银行副中心分行以服务疏解非首都功能等重大任务为中心，重点在基础设施建设、绿色金融、产业转移、科技创新、文化创意、个人金融六大领域做好金融服务。围绕消费信贷、财富管理、零售支付、普惠金融四大客户业务体系，积极对标区域内企业客户和个人客户，提供有针对性的服务和产品，做出特色，做强品牌，做大影响。2022 年 1 月 20 日，通州区金融服务商会举行换届大会，选举产生了新一届领导班子，并正式更名为通州区金融协会。会议选举华夏银行副中心分行为理事长单位。目前，通州区金融协会成员单位共 42 家，涉及银行、证券、保险、基金等多个行业，提供政策解读、宣传推介、交流合作、服务实体经济、投融资对接等多项服务，主要职能为强化行业自律，成为行业监管的补充和金融业发展的重要抓手，保障行业公平竞争。因此，华夏银行副中心分行成功当选理事长单位意味着通州区金融协会对华夏银行副中心分行业绩的肯定，也表明了华夏银行副中心分行是通州区金融业的"领头羊"。

未来，于公，作为理事长单位的华夏银行副中心分行要推动区域金融人才队伍建设，为金融机构提供人才综合服务；调研产业项目、潜力企业，进行投融资对接，提高金融机构服务实体经济能力；搭建业界资源共享平台，促进会员单位同国内外优质金融机构的交流与合作，举办各类金融专业论坛、研讨会、沙龙等活动，持续提升城市副中心金融业的国际影响力，引导金融机构在城市副中心落地，不断提高会员企业的竞争力、合作力；整合资源，扩大宣传，打造具有城市副中心特色的金融论坛品牌，扩大城市副中心金融业在国内乃至国际的影响力，建设具有首都特色的"运河金融城"。于私，应立足北京国际科技创新中心定位，升级科技金融服务，把握北京证券交易所设立机遇，加大"专精特新"小企业服务力度，服务北京地区新三板精选层、创新层企业等；聚焦文化强国建设战略目标，丰富文化金融内涵；紧扣"碳达峰、碳中和"远景规划，加快绿色金融发展。

总之，站在继往开来的起点上，期待和祝愿华夏银行副中心分行立足新发展阶段、贯彻新发展理念、融入新发展格局，紧密围绕国家和北京市"十四五"规划部署，进一步加快业务转型发展，强化"商行＋投行""融资＋融智""线下＋线上"综合服务能力，为首都"四个中心"功能建设和实体经济高质量发展注入更强劲的金融动能。

以马克思主义社会科学方法论视角探析 VEDA 发展历程

计算机技术与物联网工程系　孙慧芳

19 世纪中期，马克思主义社会科学方法论的提出深刻阐述了实践论、矛盾的对立统一论、主客观统一论，提出了抽象与具体、分析与综合、归纳与演绎等多种科学方法。这些方法的提出为人类历史的发展提供了科学依据，对人类文明的进步具有十分重要的指导意义。本文运用系统分析方法、以实践为基础的研究方法、社会过程研究方法、社会矛盾分析法等方法，全面分析北京卫达信息技术有限公司（以下简称"VEDA"）在北京城市副中心建设中的现实推进情况。

一、VEDA 入驻北京城市副中心的背景和动因

马克思主义理论认为社会是通过要素的运动、结构的重组所构成的有机系统。因此，分析现实社会以及各种社会现象，要运用系统分析方法和结构分析方法。本文从系统论的观点出发，分别从 VEDA 自身与国家网络安全产业园区（通州园）的建设、国际和国内网络安全行业市场背景之间的相互作用及相互制约的关系这两方面来研究 VEDA 入驻北京城市副中心的背景和动因。只有这样，才能脱离对 VEDA 单纯而抽象的思考，从整体上对 VEDA 入驻北京城市副中心的背景和动因形成综合、系统、准确的把握和判断。

系统论是从系统的观点出发，着重从整体与部分、整体与环境的相互联系、相互作用和相互制约的关系中，综合地、精确地考察对象，以求用最佳方式解决问题的一种方法。它所遵循的原则是：①整体性原则；②综合性原

则；③最优化原则；④定性定量化原则。

（一）VEDA 基本信息

1. 企业简介

北京卫达信息技术有限公司成立于 2014 年，获得了国家高精尖产业基金、国电投基金、江苏省高科技产业基金等战略投资，是专注于网络安全的高科技企业，也是国家高新技术企业，中关村高新技术企业。

2. 企业荣誉

VEDA 积极响应中央和国家战略部署，以掌握网络安全领域的核心技术为第一要务，一直坚信"原始创新"为企业的立足根本，始终坚持理念创新、技术创新和产品创新。

VEDA 以保卫国家网络安全为己任，多次参与国家重大科研专项及国防网络安全建设，为 G20 峰会、党的十九大等重要会议的网络安保工作做出重要贡献，获得了中央网信办、公安部、工业和信息化部等国家政府部门的高度认可。在党的十九大召开期间，VEDA 参与保障整个会议期间的电网系统安全，成功维护会议期间电力基础设施稳定运行，圆满完成了维护供电安全的重大任务。

截至目前，VEDA 系列产品已获得信息安全动态防御领导品牌奖、2016年度创新产品等多项荣誉，公司获评 2016 年度创新企业、中国网络安全产业联盟理事单位、信息安全与通信保密杂志社常务理事单位、中国品牌创新发展工程网络安全行业推介企业、2017 年网络安全（中国）论坛信息安全优秀企业等称号。2021 年，VEDA 凭借在数据安全领域的深度探索，以领先的技术实力、持续攀升的市场业绩等优势荣获网络安全优秀企业"数据安全十强"称号。

3. 核心团队和技术

VEDA 创始人张长河秉承"实践是社会存在和发展的基础，科学理论不但是适应实践的需要而产生的，而且是对实践经验的概括和总结"这一原则，带领团队技术攻关。公司核心团队凭借在网络攻防领域深耕近 20 年的丰富经验，深入分析了国内外各层次"黑客"的攻击手段，创造性地将孙子兵法、人工智能技术与动态防御相结合，在全球率先研发出"智能动态防御"技术。该技术的出现颠覆了传统的网络安全理念，开创了全新的网络防御思路，改变了传统防御技术"头疼医头，脚疼医脚"的针对性防御模式，改写了网络安全攻防双方长期以来的既有游戏规则，实现了变静态为动态、变被动为主动，建立了不依赖于先验知识的新型防御体系，扭转了传统网络防御"亡羊补牢"的先天被动局面。

VEDA 管理者既重视总结其他优秀成功企业的经验，又善于总结企业自身的经验，在不同的经营时期有比较地认识市场的本质和规律。VEDA 首创"智能动态防御"技术，形成并拥有了自主知识产权，其自主研发的"幻"系列产品及服务专注于能源、金融等行业，应用于安全、云安全、工控安全、智能安全、安全运维服务等方面，并已经成功运用于国家电网、国家能源集团、华电集团、南方电网、中国石油、中核集团、自来水集团等多个涉及国计民生的关键基础设施单位，客户超过 1000 家。可以说，VEDA 能为用户提供"防得住、攻不破、打得赢"的网络安全产品及行业解决方案，在动态防御细分赛道领先于传统安全厂商，在真实攻防演练中增益明显。

（二）国家网络安全产业园区（通州园）建设

通州作为北京新"两翼"之一，将有力推进京津冀协同发展，成为集中疏解北京非首都功能的重大战略支撑地。近年来，通州区户籍人口、市政投入、企业数量等各项指标均逐年增长，影响力逐步扩大。从地理位置上来说，通州是远郊区县中离 CBD、天安门、城市中心最近的一个区县，西临朝阳、大兴，北接顺义，东与河北省廊坊北三县相连，南临天津武清、河北廊坊，是京津冀一体化的重要节点。

国家网络安全产业园区（通州园）作为城市副中心产业集聚承载地之一，在工业和信息化部、北京市政府的高位统筹和大力支持下，扎实推进空间优化、优质资源对接、重大项目落地、产业政策完善等各项工作，并取得了实质性进展。国家网络安全产业园区（通州园）产业发展若干措施正式发布后，一批优质企业签约入驻，为城市副中心科技创新主导功能的深度落实、国家网络安全高端产业集聚示范基地的加快构建提供了强大引擎和重大机遇。

北京市政府继续加大支持力度，将园区打造成引领国家网络安全产业发展的战略高地。一是坚持高位推动，充分发挥北京在区位、技术、人才等方面的优势，构建具有北京优势和特色的产业生态。二是抢抓发展机遇，在国家"新基建"大背景下，积极培育网络安全新产品、新模式、新业态，打造北京网络安全产业发展新的增长点。三是加强要素整合，综合利用各类措施，促进资本、人才、技术等要素流动和资源共享，壮大一批网络安全领航企业，培育一批单项冠军企业和专精特新"小巨人"企业。四是强化多方合作，打造公共服务平台，促进产学研用资各方交流合作，构建多方参与、优势互补、融合发展的网络安全产业生态。

园区政策是落实部市要求，明确国家网络安全产业园区（通州园）产业定位的重要举措，在向多方学习、广泛征求意见的基础上，经过反复修改最终形成。政策主要包括企业经营奖励、股权融资奖励、参与重点项目奖励、举办活动补贴、建设平台补贴、参加活动补贴、社保补贴、贷款贴息、房租和装修补贴及园区配套服务等内容，对于进一步做好园区企业服务工作、减轻企业经营负担、支持企业发展等具有重要的作用。

VEDA 入驻通州，除了享受税收、专利、人才和交通等方面的政策倾斜外，还获得了许多其他福利。总之，通州正在蜕变中前进，入驻通州的企业会随之迈向更好的未来，国家网络安全产业园区（通州园）作为国家网络安全高端产业集聚示范基地的品牌效应逐渐彰显。

（三）国际网络安全行业市场背景分析

当前，在新一轮科技产业革命与新冠疫情风险交织叠加之际，国际环境日趋复杂，网络霸权主义对世界和平与发展构成威胁，全球产业链供应链遭受冲击，网络安全面临的形势持续复杂多变。针对关键行业和新技术、新场景的网络安全威胁事件频发，各国持续深化关键基础设施安全举措，各国网络安全企业不断强化新技术、新应用安全风险防范。

1. 全球网络安全行业快速发展

因网络威胁事件（如勒索病毒事件）层出不穷，严重威胁到企业、机构及个人用户的网络安全，人们对网络安全产品和服务的需求持续增长。涉足网络安全的企业越来越多，各国纷纷采取应对网络威胁措施，推动全球网络安全行业的快速发展。

中国信息通信研究院（以下简称"中国信通院"）数据显示，2019 年全球网络安全产业规模约为 1244.01 亿美元，同比增长 9.11%。预计 2022 年全球网络安全整体产业规模将达到 1537.3 亿美元。

2. 安全服务市场与安全产品市场五五分格局逐渐形成

全球网络安全行业市场分为安全服务市场和安全产品市场，其中安全服务市场包括安全咨询、安全运维和安全集成三个细分领域；安全产品市场分为安全硬件市场和安全软件市场。

根据 Gartner 发布的数据，由于风险管理产品等新产品的加入，2018 年安全服务市场与安全产品市场由六四分格局趋向于五五分格局。2019 年全球网络安全行业结构基本保持不变，安全服务市场和安全产品市场占比分别约为52% 和 48%，如图 1 所示。

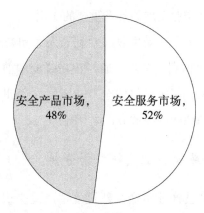

图1　2019 年全球网络安全行业结构

数据来源：前瞻产业研究院，《2022 年中国网络安全行业全景图谱》。

3. 北美地区市场份额占比超四成

在全球网络安全行业区域格局方面，根据中国信通院数据，北美、西欧、亚太维持三足鼎立态势，市场份额合计超过 90%。2019 年全球网络安全行业竞争格局基本不变，北美地区、西欧地区和亚太地区占比分别为 46.76%、24.66% 和 21.55%，如图 2 所示。

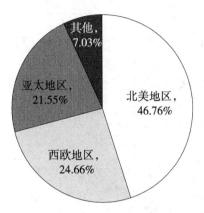

图2　2019 年全球网络安全行业区域竞争格局

数据来源：中国信息通信研究院。

4. 全球网络安全行业融资热情高涨

国际资本对网络安全行业追捧势头高涨，无论在融资额还是融资事件数量上，全球网络安全行业都连续打破了纪录，且全球网络安全行业融资事件数量和融资额整体呈上升趋势。

在全球网络安全行业细分领域融资结构中，风险管理与合规领域融资次数最多，占比达 13%；其次是身份管理与访问控制，占比 12%；移动安全融资次数最少，占比仅为 1%，如图 3 所示。

（四）国内网络安全行业市场背景分析

1. 国内网络安全行业发展政策背景分析

2014 年 2 月 27 日，习近平总书记主持召开中央网络安全和信息化领导小组第一次会议并发表重要讲话。他强调，网络安全和信息化是事关国家安全和国家发展、事关广大人民群众工作生活的重大战略问题，要从国际国内大势出发，总体布局，统筹各方，创新发展，努力把我国建设成为网络强国。

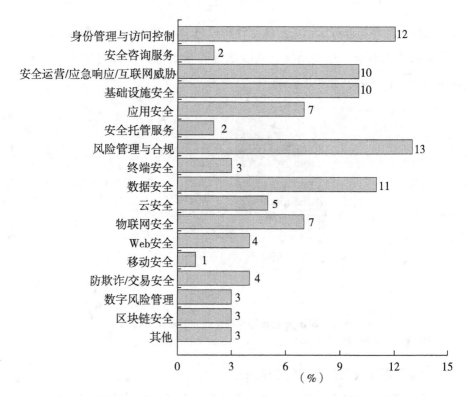

图 3　2019 年全球网络安全行业细分领域融资结构

数据来源：中国信息通信研究院。

2016 年 4 月 19 日，习近平总书记在网络安全和信息化工作座谈会上发表讲话，在谈到核心技术时，他指出：互联网核心技术是我们最大的"命门"，核心技术受制于人是我们最大的隐患。

党的十九大报告中，习近平总书记提到"加强应用基础研究，拓展实施国家重大科技项目，突出关键共性技术、前沿引领技术、现代工程技术、颠覆性技术创新，为建设科技强国、质量强国、航天强国、网络强国……提供有力支撑"。网络强国战略再次被提及。

"十四五"时期，我国数字经济进入深化发展新阶段，为应对安全新形势、新挑战，网络安全技术产品、产业格局等都将迎来关键变革。我国网络安全立法和执法"双管齐下"，全力捍卫网络空间安全。受益于政策加码和安全需求释放，网络安全产业迎来复苏回暖。

我国网络安全立法执法持续推进，全方位保障网络空间安全。2021 年是我国网络安全领域法治建设取得重大进展的关键一年。一是重点领域网络安全顶层制度设计不断完善。《中华人民共和国数据安全法》《中华人民共和国个人信息保护法》《关键信息基础设施安全保护条例》等多部重磅法律法规的颁布，标志着我国在数据安全、个人信息保护、关键信息基础设施保护等重点领域迎来了有法可依、有章可循的新时代。二是行业监管部门积极落实国家网络安全监管要求，先后制定出台联合规章和管理规定，进一步细化落实本行业、本领域安全制度。三是持续加大网络安全执法力度。2021 年，网络安全领域执法检查活动更加频繁，执法力度更加严厉。电信和互联网行业主管部门持续推进 App 专项治理活动，组织开展互联网行业市场秩序专项整治，对滴滴出行、运满满、货车帮等企业启动安全审查。

2. 国内网络安全行业发展现状

（1）网络安全产业复苏回暖。网络安全产业作为国家网络安全能力的重要组成部分，其发展态势受到广泛关注。2022 年国内外网络安全市场逐步从新冠疫情影响下的低速增长中恢复，我国网络安全产业重回高速增长轨道，数据安全和安全服务成为热门融资领域，相关融资活动占比均超 10%。

（2）网络安全行业规模发展迅速。2013 年开始，随着国家在科技专项上的支持力度加大、用户需求扩大、企业产品逐步成熟和不断创新，网络安全产业快速成长。近年来，受下游需求及政府政策的推动，我国网络安全企业数量不断增加，网络安全产业规模也不断扩大。网络安全作为软件和信息服务业重要组成部分，已形成基础良好、结构完整、优势突出的高增长发展态势。

互联网数据中心（IDC）、中国信通院、中国通信工业协会（CCIA）、中国电子信息产业发展研究院（CCID）的报告分别显示 2020 年中国网络安全市场规模约为 512.85 亿元、1702 亿元、553 亿元、749.2 亿元，较 2019 年分别增速 16.13%、8.82%、15.69%、23.20%。

从各行业网络安全收入来看，2020 年政府、金融、运营商、教育等网络安全市场规模合计占整个市场规模的 66%；医疗卫生、能源行业网络安全收入规模占比较少，如图 4 所示。从各地区网络安全收入来看，华北、华南以及华东地区是网络安全行业收入较高地区,如图 5 所示。但 2020 年各地对网络安全的投入力度不断加大,西南地区尤其是四川和重庆,其收入规模扩大比较明显。

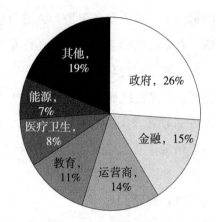

图 4　2020 年我国各行业网络安全收入结构

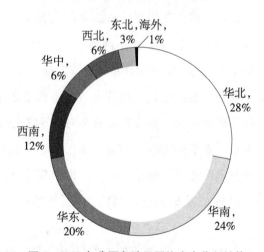

图 5　2020 年我国各地区网络安全收入结构

数据来源:中国信息通信研究院。

(3)网络安全行业细分类型市场平衡发展,逐渐呈"三足鼎立"态势。从细分类型来看,我国网络安全行业市场的结构逐渐发生改变,网络安全设备占比逐渐降低,而网络安全服务的占比稳步提升。2017—2020 年,网络安全设备市场规模维持在 30 亿美元左右,2020 年为 32.7 亿美元,但规模占比逐年递减,2020 年占行业总规模的 41.5%,同比下降 3.9 个百分点;网络安全软件和网络安全服务市场规模近几年有明显上升趋势，2020 年占比分别为 33.0% 和 25.6%，如图 6 所示。从整体来看，网络安全行业细分类型市场呈 "三足鼎立" 态势。

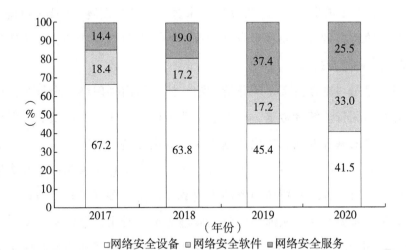

图 6　2017—2020 年我国网络安全行业细分类型市场规模
数据来源：前瞻产业研究院、华创证券。

2020 年北京网络安全行业规模突破 700 亿元，占全国行业规模的 41%。在网络安全产品和服务方面，北京企业市场占有率全国领先。在京重点高校网络安全人才建设成效突出，科研院所实力雄厚，技术创新潜力强劲，为协同攻关、联合适配奠定了良好基础，支撑北京网络安全产业实现长远发展与技术引领。未来北京将加快推进城市副中心建设，紧抓 "两区" 建设，打造全球数字经济标杆城市，将网络安全作为推进数字经济高质量发展的重要支撑。

（4）网络安全行业高端人才供给缺口巨大。根据 Cybersecurity Ventures 最新发布的全球网络安全人才报告，过去八年全球网络安全空缺职位的数量增长了 350%，从 2013 年的 100 万个职位增加到 2021 年的 350 万个。2021 年 8 月，美国白宫称，美国大约有 50 万个网络安全职位仍然空缺。我国 170 余所高校设有与网络安全直接相关的专业，每年网络安全专业毕业生约 2 万人，网络安全职位缺口高达 50 万～100 万人。2022 年，网络安全行业高端人才供需矛盾持续加剧，实战型、实用型等人才更加急缺。

（五）结论

实践是认识的根底，社会生活在本质上是实践的。这就要求我们一切从实际出发，实事求是，立足于客观实际来分析和解决问题。VEDA 根据我国不同阶段的历史特征以及社会发展状况选择入驻城市副中心，逐步实现了 VEDA 效率的稳步提高。

通过运用马克思主义系统分析方法，依据国内外网络安全行业发展现状，客观运用行业统计数据，揭示了企业入驻产业园区的动机。主要因素包括：完善的基础设施、文化氛围支持、资金支持、政策支持、技术支持和市场支持等。国家网络安全产业园区（通州园）作为通州区域经济发展的前沿，是对外开放、招商引资的主要载体，是发展高新技术产业、促进产业集聚的重要平台。从通州经济发展趋势可以看出，国家网络安全产业园区（通州园）逐渐成为区域经济发展的引擎，带动了通州区整体实力的提升。

对企业而言，一方面，加入国家网络安全产业园区（通州园）符合 VEDA 自身的资源和能力特点。依托国家网络安全产业园区（通州园）壮大的产业集群，完善和延伸产业链条，同时可以鼓励 VEDA 这类知识型公司和高技术附加值企业成长，并通过辅助手段使其规范化发展，在市场竞争中取得优势，最终形成一个集经济、文化、商贸、服务于一体的区域中心和区域经济发展引擎。另一方面，VEDA 积极响应中央和国家战略部署，自身的需求也得到满足，即获取技术、进入市场和获取政策。

二、VEDA 发展中的不足与机遇

马克思主义的矛盾分析方法要求我们树立矛盾的意识，用一分为二、对立统一和全面的观点看问题，并在处理问题时做到具体问题具体分析。本部分通过运用矛盾分析方法分析 VEDA 发展中的不足与机遇，结合"两点论"与"重点论"，抓住 VEDA 的主要矛盾，分析 VEDA 自身的优势和弱势，创造条件将弱势转化为优势，将挑战转化为机遇。

（一）VEDA 发展中的不足

1. 国内网络安全意识相对不足

一方面，我国网络安全产业规模占全球网络安全产业规模的比重较低，整体发展水平相对较低，与网络安全相关的产业链尚不完善，对网络安全相关投资整体以合规为导向，还未做到真正的重视。另一方面，由于网络安全的特质，只有安全问题产生时，用户才会意识到自身对网络安全的真实需求。这些对 VEDA 开展业务提出了挑战。

2. 高端人才相对缺乏

网络安全行业是典型的知识密集型行业，VEDA 所依赖的基础技术、应用技术具有很强的专业性，因此，需要具有专业知识背景的高端人才。虽然 VEDA 的核心团队早已在网络安全领域深耕了十余年，研发团队人员来自中国人民解放军战略支援部队信息工程大学、清华大学、西安电子科技大学等国内知名院校，但对于国家重大科研专项及国防网络安全建设等项目，团队仍缺少具有深厚的技术沉淀和丰富经验的高端人才。因此高端人才相对缺乏是制约 VEDA 快速发展的关键因素。

3. 产品自身存在安全漏洞

由于网络安全防护产品在网络安全防护体系中发挥着重要作用，且 VEDA 的网络安全防护产品在国内使用范围较广，相关漏洞一旦被不法分子利用，可能构成严重的网络安全威胁。如，随着汽车向智能化、网联化和电动化迈进，车载电子器件和软件占比大幅提升，但网络攻击也随之而来。汽车行业庞杂的产业链、较多的攻击向量，以及海量代码带来的漏洞，都给智能汽车带来了巨大的风险。

（二）VEDA 发展中面临的机遇

我国网络安全行业发展正面临"国家网安关键基础设施步入高速建设期""国家对数据安全管理进入法制规范期""国家资本市场进入深化改革期"三期并存的机遇，产融双方应紧抓发展机遇，进一步构建"创新"与"整合"

并存的产业生态。

1. 国家关键基础设施安全需求增强

随着经济的不断发展和国家的日益强盛，国家关键基础设施对网络安全的需求日益增长，网络安全已经成为信息安全的关键组成部分，成为国家安全战略的重要组成部分。各关键行业的相关保护政策相继出台，国家针对行业特点推进网络安全建设。随着未来国家对信息安全建设的要求越来越多，将会有越来越多机构加强自身的网络安全设施建设，这就为网络安全行业发展提供了更多的潜在机会。

2. 产业政策促进 VEDA 全面快速发展

网络安全行业是国家重点发展的战略产业，政策的大力支持为行业的发展创造了良好的政策环境和发展机遇。近年来，国家有关部门相继出台了《中华人民共和国网络安全法》《信息安全技术—网络安全等级保护基本要求》《关键信息基础设施安全保护条例》等一系列法规和标准，为 VEDA 的发展营造了良好的政策环境，为 VEDA 的全面快速发展提供了保证。

3. 企业业务发展对安全需求升级

随着云计算、物联网、移动互联网等新技术、新模式的应用和发展，信息的获取方法、存储形态、传输渠道和处理方式等发生了新的变化，信息系统逐步成为各企业必不可少的基础设施，在企业业务流程、管理流程中扮演着越来越重要的支撑角色。

VEDA 是全球唯一可以实现防御网络拓扑结构动态变化、IP 地址动态变化的安全厂商。凭借核心优势，VEDA 创造性地提出具有颠覆意义的新型防御概念——智能动态防御，摒弃传统安全领域水平创新的弊端，实现了弯道超车。VEDA 在 2022 年已举办了 4 场全球黑客挑战赛，邀请国内外技术精英对基于智能动态防御技术研发的"幻境"内网动态防御系统进行攻击，至今无人攻破。

三、VEDA 未来的发展前景与发展路径

习近平总书记强调，我们做一切工作，都必须统筹兼顾，处理好当前与

长远的关系。我们求的不是一时之效，而是长远之效。本部分以归纳、分析等综合方法，用发展的眼光推演 VEDA 发展前景与发展路径。

（一）VEDA 的发展前景

当今世界处于网络时代，互联网已深入渗透家庭和社会生活的各个角落。互联网为人们提供了一个冲破传统地域界限的新的活动空间，人们在这个空间里逐渐形成新的生活方式、社会规范和思想意识，并创造出新的网络空间和文化。然而在万物互联的同时，信息安全问题随之而来。网络应用在发展，网络攻击技术也在不断更新，从 2022 年曝光的多起病毒事件可以看出，未来几年网络安全事件将层出不穷，网络安全危机一触即发，网络和信息安全正面临着巨大的挑战，社会的正常运转时刻受到威胁。全社会迫切需要一个稳定安全的网络环境，而现有的安全技术在抵御快速升级的网络攻击时日渐捉襟见肘。

从国家整体安全观考虑网络安全的重要性，网络安全可以被进一步上升为关系国计民生的重大问题。随着互联网广泛应用于金融、交通、能源等民生基础设施的各个领域以及军队信息化的普及，越来越多的机构开始重新布局网络设施，以保持自身与技术的发展相一致，国家的整个民用和军用基础设施越来越依赖网络，网络也因此成为一国赖以正常运转的"神经系统"。保护网络安全从某种意义上说就是保卫国家安全。

作为网络安全行业的技术破冰者、先行者和旧规则的颠覆者，VEDA 自成立之初便将承担整个社会和国家网络安全的责任融入发展规划。VEDA 总裁张长河在不同场合曾多次表示，VEDA 不仅是一个网络安全产品提供商，更重要的职责是为全民营造一个和谐的网络环境，保障国家网络安全。

综上所述，由于网络安全对社会、国家的重大意义以及现实发展的紧迫性，VEDA 未来之路不会平坦，与网络攻击者的对抗不会停止，而 VEDA 对自己的定位、所肩负的责任也不会改变。

（二）VEDA 的发展路径

1. 持续领跑网络安全动态防御赛道，致力于提升国家安全能力

动态防御、主动防御是中国网络安全的必然选择，也是超越国外网络安全的唯一机会。只有具备创新基因，才能打破攻强防弱格局，才能持续领跑新赛道。张长河基于其在网络安全领域长达二十年的探索，从黑客攻击的视角独创了新的安全防御技术体系。自 2015 年成功推出网络层的动态防御产品，目前已经服务于数百家能源、政府、军队军工等机构，单品销售额突破 5000 万元。2020 年推出的动态防御整体解决方案，加速了 VEDA 动态防御技术在各行各业的应用和部署，提升了用户单位网络安全能力。

2. 打破传统安全防御体系束缚，真正实现动态防御、主动防御

当前国际形势风云变幻，2021 年 5 月 9 日美国首次因网络安全事件宣布进入国家紧急状态，网络安全的重要性愈发突出。

关于国家网络安全，我国的网络安全等级保护制度 2.0 标准、"三化六防"早就指明了方向，要想真正实现"主动防御""动态防御"，不应在旧体系上盖新思想，而应在技术层面进行革新，将主动防御、动态防御技术应用在新一代产品研发中，从基因层面变革目前传统防御体系。

3. 携手国家电力投资集团有限公司，深耕能源行业，助力国家能源安全发展

国家电力投资集团有限公司等资本的注入，为 VEDA 深耕能源行业市场提供了战略性支持。VEDA 目前的动态防御整体解决方案，已经成功运用在国家电网、国家能源集团、华电集团、南方电网、中国石油、中核集团等多个涉及国家网络安全的关键基础单位。在攻防演练中，防御效果显著，用户年复购量递增。资本的助力将加快 VEDA 在能源行业的全面渗透，也将为其打造能源安全生态系统奠定基础。

VEDA 始终把国家的网络强国战略作为指导纲领，秉承"卫网兴邦，达泽天下"的理念，以掌握核心技术为研发方向，以保卫国家整个网络环境的安全为奋斗目标。今后 VEDA 将继续加大在颠覆性技术创新、产品升级上的投入，加速引进优质人才，优化公司治理结构，提升企业品牌影响力。此外，VEDA 将扩大市场，发力数据中心和云计算领域，重点围绕工控和能源行业领域进行全国范围的市场扩张，紧密团结合作伙伴，对相关产品和解决方案做重点部署及优化，为客户提供最适合、最有效的网络安全保障，为提升国家网络安全能力，共建新一代安全生态系统而不懈奋斗。VEDA 必将走上创新为民、科技卫国的探索之路。

北京环球度假区对城市副中心建设的影响

国际贸易学 梁 娟

北京环球度假区（Universal Beijing Resort），位于北京市通州区，毗邻东六环和京哈高速公路，是亚洲第三座、世界第五座环球主题公园。从 2001 年北京市政府和美国环球主题公园及度假区集团签署合作意向书到 2021 年开园，历时近 20 年。

一、通州建设环球影城的背景

目前北京城市发展定位发生变化，提出要建设"四个中心"，即政治中心、文化中心、科技创新中心和对外交流中心。北京要想成为对外交流中心，旅游业的发展是关键。而环球影城的建设能吸引大批国内外游客，助力北京旅游业的发展，同时对区域经济的发展具有重要影响。环球影城落址通州后，将彻底改变通州旅游资源禀赋现状，对通州的旅游资源和旅游产品将是一个"地震级"的改变。通州旅游业由人们熟悉的运河文化、宋庄文化创意产业聚集区等向以国际化影视主题公园为主的休闲旅游度假区转变。

通州区"十二五"规划纲要提出，努力构建通州新城"一核、三区"的区域空间格局，其中"主题休闲旅游度假区"是"三区"之一，重点建设中国传统文化与现代时尚元素相融合的主题公园。所以北京环球影城项目落地通州，无疑是一个利好项目，不仅能增加旅游人数，促进旅游消费，还打破了通州旅游发展瓶颈，同时给通州区域经济发展带来前所未有的机遇。

二、通州建设环球影城的动因

(一) 体现北京当代文化的旅游大项目稀缺

当前支撑北京旅游业的仍然是以故宫、天安门、长城、颐和园为主的金字招牌景点；以王府井、西单为主的购物场所，以什刹海使馆区、蓝色港湾为主的小众的时尚场所；还有鸟巢、水立方等现代建筑，这些旅游景点对北京旅游业起到了重要的拉动作用，但现在有些景点旅游效果正在衰减。虽然北京各个区县都在大力发展旅游功能区，但一直没有出现能够和长城、故宫相媲美的体现现代文化的旅游大项目。

旅游可以刺激消费，拉动城市经济增长。世界上大多数旅游城市都建有著名的娱乐设施，比如美国、日本、新加坡，如今中国著名的旅游城市也开始引进世界著名的娱乐品牌，从而引爆了中国城市旅游行业新一轮的竞争。北京的发展目标是成为"世界都市"，因此需要一个世界级的文化娱乐项目。北京作为拥有庞大的消费群体，主题乐园产业发展潜力巨大的国际大都市，必然成为世界三大娱乐品牌的必争之地。北京环球影城是美国环球主题公园及度假区集团在亚洲地区建造的第三座环球主题乐园，此前两座分别在新加坡和日本，都很受中国游客的欢迎。这也是美国环球影城在中国修建环球主题公园的根本原因。

(二) 北京旅游资源主要集中在市中心，加剧了北京的环境资源矛盾

北京有着 3000 余年的建城史和 870 年的建都史，历史文化底蕴极其深厚，拥有众多驰名中外的名胜古迹和人文景观，是全球拥有世界文化遗产最多的城市，成为全国重要的旅游目的地。但丰富的旅游资源大多位于城市核心区和功能拓展区，政治中心、文化中心、商务中心、金融中心及会展中心也大多位于三环和四环以里，与北京的旅游资源高度重叠，伴随着城市人口的不断增长，人口、资源与环境的矛盾愈发突出。北京人口过度膨胀和集中

使得交通拥堵、环境恶化、水资源短缺等问题十分突出，特别是在节假日期间，旅游人数激增，导致旅游的舒适度大幅降低，进一步加剧了交通拥堵、环境污染，同时加大了对旅游市场的监管难度。

（三）当前北京旅游产业链条不健全

北京旅游业虽然经历了长期发展，但还没有建立起健全、成熟、完整的旅游产业链条，相对于数量庞大的游客来说，北京的旅游业还处于低端旅游业态。北京每年 2 亿多人次的游客，主要以欣赏自然景观、名胜古迹，领略民俗风情，增长见识、开阔眼界和愉悦心情为主要目的，人均消费水平相对较低。而完整的产业链条有利于推动北京消费、改善北京产业结构。新的旅游项目应该涵盖吃、住、行、游、购、娱六大要素，应更好地衔接北京优先发展的产业，更好地拓展优先发展产业的外延。北京目前重点发展现代服务业、文化创意产业、高科技产业、旅游产业等高端产业，而旅游产业的最大特点是与其他产业的高度融合性。据国际旅游组织统计，旅游业能与 100 多个行业相融合，与第一产业、第二产业、第三产业都能很好地融合。

（四）北京旅游业与国家文化中心地位不相称

北京是中国的文化中心，文化创意产业在全国发展得最好，但是文化传播力、文化软实力与世界发达国家相比还有很大的差距。文化传播力和影响力是国家实力的重要组成部分，然而我国很多的文化产品只是停留在设计和展示阶段，没有变成可输出的、更具创新能力的商品，因此，文化与旅游相结合，可以提升文化的影响力，实现文化不可估量的潜在的价值。从全国来看，重金打造的《印象·刘三姐》、"印象武夷"把当地的风土人情、自然风光通过声光电等高科技的形式进行艺术再现，展现了当地的文化魅力、自然风情，在润物细无声的文化影响下，带动了旅游产品的销售。但是中国仍缺乏代表国家文化和国家精神的文化旅游产品，以此来向全世界传播，向世界展示文化软实力。

这些方面是制约北京旅游发展的重要问题。北京旅游发展亟待一种新的旅游产品和旅游项目的出现，而具有中国特色的环球影城项目是目前解决北京旅游结构性问题的最佳解决方案。

三、北京环球影城在发展中面临的机遇与挑战

（一）环球影城在发展中面临的机遇

1. 北京城市副中心的定位，为北京环球影城发展提供了保障

通州被定位为北京城市副中心，迎来了全新的发展机遇。通州全面启动北京城市副中心行动计划、城市规划和产业发展规划的编制实施工作，先后出台了一系列加快通州发展的文件。根据通州区"十二五"规划纲要，通州将构建"一核三区、三带四组团"的区域空间格局，着力培育文化创意、旅游休闲、金融服务、医疗康体四大新兴产业。"一核"即运河核心区，地处五河交汇处，最能体现通州特色且最具发展空间，是高起点建设现代化国际新城的重点区域，率先引入京杭广场、新北京中心、万达广场、运河国际商务中心等综合体项目，涵盖高端购物中心、精品豪宅、五星级酒店及5A级写字楼，致力于打造成"白天因商务而繁荣，夜晚因休闲娱乐而繁华"的不夜水城。"三区"分别为宋庄文化创意产业集聚区、主题休闲旅游度假区、环渤海高端总部基地，目前均已进入全面实施阶段。届时，48平方千米的新城中心区将成为集娱乐休闲、高端商业、影视文化、会展服务、医疗康体等功能于一体的北京新商务中心区，通州区的休闲环境、休闲旅游资源品质、服务设施、社会文化四大要素将极大完善，势必拉动通州休闲旅游业的飞速发展，也为北京环球影城的发展带来机遇。

2. 京津冀一体化带来的商机

作为"北京发展新磁极、首都功能新载体"的通州，正处于北京东西发展轴和东部发展带的节点位置，是京滨（滨海新区）发展带上的重要节点，是环渤海经济圈人流、物流、信息流交汇的中心地带，是北京参与京津冀、环渤海区域经济合作的重要基地和"桥头堡"，也是未来北京的"浦

东"和"滨海",将成为北京大都市圈和京津冀区域的新增长极。随着京津冀一体化进程的加快,京津冀交通一体化已被正式纳入《北京城市总体规划(2016年—2035年)》。按照规划,北京市中心城距离通州、顺义、亦庄、大兴、房山、昌平、门头沟7个近距离新城,半径为30~35千米,拟建规模约1050千米的城际铁路系统;在怀柔、平谷、密云、延庆4个远距离新城以及河北省燕郊、廊坊、涿州等周边城市,拟建市郊铁路连接北京中心城区,可1小时通达;2020年将形成京津冀9500千米的铁路网和主要城市1小时城际铁路交通圈,9000千米的高速公路网和主要城市3小时公路交通圈。目前,通州休闲旅游的客源市场主力人群为北京市居民,随着京津冀交通一体化的实现,河北、天津等庞大的近程客源市场的客流将涌入通州,这也是国内其他地区不具备的优势条件,将会给北京环球影城带来更大的客流量。

3. 促进商业规模扩大

商业文明经历了稀缺经济、人与物和人与人三个时代,当今人们不只注重对商品质量的关注,更加注重在消费过程中与人的互动和交流。天虹数科商业股份有限公司董事长高书林在2020年中国社区商业年会中表示:未来零售业要着眼于年轻、高端、家庭。因此对于企业来说,其价值的提供应更加侧重感情、亲情以及邻里之情,从物质走向精神。环球影城恰好符合这一特点,相较于早期国内其他类型的主题公园,作为世界三大主题公园之一的环球影城本身就带有一定的热度,其主题特色非常鲜明。以电影为出发点形成创意,打造旅游项目和产品,这个想法有一定的科学性和合理性,因为电影已经培养了一批忠实影迷,再把电影商业化娱乐化,就有了潜在客户,其收益也就有了一部分保障,所以环球影城的特有魅力,拉动了项目投资地经济的快速发展。据不完全统计,2017年国内主题公园中投资5000万元以上的有近300家,主题公园市场的零售额也在持续增长,突破百亿级美元。主题公园的收入来源不仅是门票,还包括餐饮、广告、零售、娱乐等多方面,它本身的盈利模式是多元化的。根据国际主题公园的建设经验,一元门票收入将拉动八元其他消费,环球影城每年带来的服务业产值将达到240亿元。同时,在经济发展增速缓慢和网络购物迅猛发展的双重压力下，实体零售业不断受到冲击。而环球主题公园的引入则有望助力零售业成功突围，把零售业作为主题公园的主要盈利点之一，环球影城中大量深入人心的荧幕形象将带动游戏、服饰、纪念品等相关产品的销售。此外，环球影城的相关产业链较为丰富，涵盖衣食住行各个方面，从而带动休闲、餐饮、住宿、度假等全面发展。产业链分纵向、横向两条线：纵向则是对行业中上游的延伸，包括策划设计、内容创作、文化衍生、运营管理等业务类型；横向则是围绕主题公园，发展周边娱乐、餐饮、住宿等产业。

4. 推动旅游产业转型升级

北京旅游业的薄弱环节就是缺少具有国际影响力的娱乐项目，其旅游产业给人的第一印象向来都是以长城、故宫为代表的名胜古迹。而环球影城作为城市的名片，将在很大程度上弥补北京缺少具有世界级影响力的旅游娱乐项目的空白，使北京真正成为具有中国特色的世界级旅游城市。旅游娱乐是年轻人的最爱，以日本环球影城为例，年接待量可达 800 万人次，收入 55 亿元。北京环球影城的营业势必会带来庞大的客流量，带动通州旅游业的发展，促进北京市中心的核心功能疏散，并将促使通州形成北方娱乐中心。大运河等历史旅游资源，与以国际影视主题公园为主的文化休闲旅游度假区结合，给游客带来了崭新的体验。以美国奥兰多环球影城周边的基西米地区为例，它没有奥兰多的耀眼光环，却是个保存了乡村气息和传统的牧场小镇。尽管有诸如家庭度假和水上乐园此类大型主题公园共同分享草坪，可是其遛马地、畜牧场和民风质朴的古老公园依旧显现出低调的雅趣。北京环球影城还将使北京的文化和旅游发展相辅相成，具有可持续发展的竞争力。以深圳华侨城发展为例，它早期是通过主题旅游来聚集人气，消除区域陌生感的，同时基础生活配套设施的落实弥补了区域价值低的短板，二者相得益彰，共同提升了区域价值。之后，锦绣中华、欢乐谷等项目陆续完工，使区域人气持续提升。人文配套的营建和运营也增添了区域的生活气息，建立起高档人居的地区形象。现如今，深圳华侨城又推出了第三代产品——欢乐海岸，将都市娱乐与生态旅游相结合，将多元业态与创新商业模式相融合，极大地丰富旅游文化产业内涵，构筑商业娱乐文化新地标。

5. 文化发展新契机

北京环球影城进驻通州，带来的不仅是小黄人和变形金刚，更有西方好莱坞的影视文化和产业理念，以及中美文化交流的良好平台。北京环球影城由中美联合打造，将国际先进的旅游休闲、科技创新等技术产业与本土文化元素进行融合，使中国文化更具创新性，更有魅力和吸引力，使国内外游客既能触摸厚重的历史，又能领略到大洋彼岸的现代与奇幻。同时，美国表示愿意把全世界最受欢迎的娱乐项目放在北京，以此来吸引更多的游客。北京环球影城将会融入更多的中国元素，更好地传承和保护中国文化，使中国文化获得更多市场价值，吸引更多外国游客前来体验中国历史文化的魅力。

北京环球影城为文化传播注入了新力量。以中国元素为主，倾情打造"中国式"环球影城，使中国文化和环球影城相得益彰，使中国文化更具有国际视野，更好地站在世界舞台上，更好地改变和影响世界。另外，通州具有丰富的历史文化资源，其中最值得一提的就是世界文化遗产——中国大运河。中国大运河在形成和发展过程中积淀了丰富的地域文化资源和精神财富，是中华传统文化的重要组成部分和具体阐释。中国大运河成功申遗，成为北京第七处世界文化遗产，不仅大大提升了通州旅游资源价值，也显著提升了通州在北京的旅游地位和通州旅游形象。因大运河吸引而来的游客，有的会去环球度假区游玩，进而给环球度假区带来更大的机遇。

（二）北京环球影城在发展中面临的挑战

1. 来自北京同类旅游产品竞争的威胁

北京作为中国的首都，对游客有着天然的吸引力，各个区县根据自身优势各打特色牌，争夺旅游市场。对于北京环球影城而言，竞争压力主要来源于同类型的旅游功能定位。像野三坡、承德避暑山庄、白洋淀这些北京周边的景点毋庸多言，但在北京市的整体规划中，石景山区被定位为首都"城市功能拓展区和城市职能中心、综合服务中心、文化娱乐中心"。根据此定位，石景山区将全力打造一个崭新的城市功能区——首都文化娱乐休闲区（Capital Recreation District，CRD），集商务办公、文化创意、科技服务、休闲娱乐和旅游会展五大产业于一体，将成为与东部 CBD 遥相呼应的城市新中心。综合来看，石景山区将会成为通州区强有力的竞争对手，分散北京环球影城的客流量。竞争对手还有北京欢乐谷，短期因为北京环球影城刚开园给游客带来的新鲜感，会减少欢乐谷的客流量，但从长期来看，如果北京环球影城在价格上没有优势，局势将会逆转。

2. **如何将外来文化与北京本土文化有效融合**

北京环球影城与上海迪士尼乐园一样，是中美企业合资的特大项目，但不是通常意义上的商业合作，形式上是合资开发面向大众的旅游娱乐项目，本质上是中美文化交流项目。好莱坞电影风靡全球，是美国文化、美国精神输出的利器，其中蕴含的勇于探险、拼搏和科学创新精神会对中国青少年产生积极影响。如果北京环球影城建设中没有融入中国文化元素、北京文化特色和通州文化特点，而单纯是好莱坞式的作品，那就违背了中美文化双向交流、合作共赢的初衷。中美文化在交流、碰撞、磨合中会产生更高层次的文化作品，从而丰富和提升北京的京都文化。通州是中国大运河的源头，运河文化是通州历史文化的主旋律，千年历史中积淀了丰厚的物质与非物质文化产业，北京环球影城的文化娱乐项目和产品中，应该充分利用这一资源，把运河文化融入其中。所以，如何与北京本土文化有效融合，体现地方与民族特色，对北京环球影城是一项重要挑战。

3. **周边配套设施仍然较少**

目前北京环球影城有两家主题酒店，预计能够满足约一千个家庭的住宿需求，但这远远不够。与很多其他行业不同，文旅产业看重长板，长板越长，周边文旅市场就越容易发展。北京环球影城带来的客流量对于周边地区是机会也是挑战，为了配套北京环球影城这样量级的主题公园，周边配套设施有必要进行提质升级，要跟得上，跟得好。周边商圈也一定要抓住商机，未来有望使整个通州地区都受益。

四、北京环球影城未来的发展前景

（一）环球影城项目使北京城的古老和现代交相辉映，焕发出勃勃生机

环球影城项目采用大制作、高科技，冲击人们的视听极限，再现不可能再现的场景，使游客获得惊艳刺激愉悦的情感体验，让北京这座古老的城市在雍容、华贵、大气、沉稳的基础上更加现代、时尚、开放。中华文明和世界文明在北京交融碰撞、融合发展并且熠熠生辉，世界文明的多样性在这里得到更好的诠释。环球影城使北京变得更加开放，更加具有魅力和吸引力，点燃了国内外游客的旅游热情，使北京不仅是一个好看的北京，更是一个好玩的北京。

（二）环球影城项目将更好地促进北京核心功能疏散和人口疏解，促使北京旅游发展做到两翼齐飞

北京在新中国成立之初就采取了以核心区为中心的摊大饼式的发展模式，但城市规划过去的辉煌并不代表现在的辉煌，过去的城市规划过于秉持天圆地方、万事万物以皇权为中心的思想，市中心聚集了过多的行政中心、商务中心、会议中心、旅游中心。长期以来通州一直被认为是缓解首都核心功能和疏散北京人口的首选之地，但是没有得到落实，如今通州作为北京城市副中心，把首都核心区承担的很大一部分商务中心、会议中心、娱乐中心、旅游中心功能剥离出来。通州作为北京城市副中心名副其实，未来北京的旅游业将出现北京市中心和通州副中心"两翼齐飞"的格局，重复游和休闲度假游的游客可能更多地把通州作为主要的旅游目的地。如果环球影城年客流量达 2000 万人次，将部分缓解首都核心区的客流压力。

（三）环球影城项目将加快京津冀一体化发展，促使通州成为北方娱乐中心

通州所处地理位置优越，与河北相近，与天津也相距不远，向南辐射山

东，向北辐射东北，是环渤海区域的重要节点。北方历来是工业和农业相对发达，而第三产业和娱乐业向来发展不足，环球影城项目很好地填补了第三产业的空白，对环渤海地区、东北地区甚至华北地区形成了战略吸引和产业互补。通州作为环渤海地区的重要节点，在发展文化创意产业和时尚旅游方面可以起到龙头带动作用，通过环球影城项目的大制作和高水平运作可以带动环渤海地区文化产业的挖掘和创新，同时可以孵化新的文化创意产业、数字技术、动漫技术、文学艺术创作、设计产业、材料产业，传统广告业、会展业、商贸业也会有很大的发展空间。环渤海地区的城市可以抓住这一历史机遇，主动承接新兴产业的转移，改造传统产业或者为新兴产业腾笼换鸟。如果环球影城项目规划得当，相关配套设施完善，通州完全有可能成为北方的娱乐中心，不仅使环渤海地区的城市受益，更使北京的旅游业迈上一个大台阶。

（四）环球影城项目使北京的文化和旅游相得益彰，具有可持续发展的能力和竞争力

环球影城项目进一步强化了北京作为全国文化中心的地位，主要表现在：一是中国文化更具世界视野，更好地站在世界舞台上，更好地影响和改变世界；二是中国文化更具创新性，更有魅力和吸引力；三是中国文化将获得更多市场价值，会被更好地传承和保护；四是世界文化和中国文化同台竞争更具震撼性。文化是灵魂，旅游是载体，北京旅游业会因为这一文化项目获得新生，因为环球影城在中国的唯一性，北京在全国以至全世界将继续保持较高的旅游竞争力，游客数量会保持20年以上的稳定增长。

缕析普华永道入驻北京城市副中心

统计学 付 倩

一、背景

2021年5月28日，世界顶级会计师事务所、国际四大会计师事务所之普华永道会计师事务所（以下简称"普华永道"）与北京市通州区政府签署战略合作协议，普华永道成为首家入驻北京城市副中心的专业服务机构。普华永道咨询（北京）有限公司于2021年4月20日在北京城市副中心运河商务区注册成立，携全球网络资源、全周期一站式专业服务价值链，深度融入北京城市副中心高质量发展建设。此次携手标志着普华永道将与北京城市副中心展开多维度、深层次、宽领域的全面合作，为北京城市副中心"两区"建设打造经得起历史检验的"千年之城"，注入专业新动能。

北京城市副中心在实践中创新和发展，在"智慧城市""产业升级""绿色发展""京津冀协同发展""服务业扩大开放及自贸区建设"等领域取得了重大突破，使城市面貌焕然一新。这印证了实践是社会存在和发展的基础，是认识发生和发展的基础，也是社会科学研究的方法论基础。在实践中发现问题和提出问题，对实践经验进行理论概括和总结，通过实践检验理论和发展理论，是社会科学研究应当遵循的首要的基本原则。

资料显示，自2017年9月《北京城市总体规划（2016年—2035年）》明确北京城市副中心建设以来，普华永道积极响应，从招商引资、区域战略设计，到自贸区政策分析及专项培训，积极投入资源，支持北京城市副中心政策研讨及政府工作会议近百场，为区域高质量发展赋能献策、协同创新。普华永道将秉承"协同创新、重塑未来"发展理念，引入全周期服务、全业务线整合的"综合服务包"，助力北京城市副中心在"智慧城市""产业升级""绿色发展""京津冀协同发展""服务业扩大开放及自贸区建设"等领域取得更大突破，为将北京城市副中心打造成为智慧、开放、绿色、活力、宜居的未来之城，做出更多更大贡献。

由此可见，普华永道懂得把握机遇，与未来同行。从方法论视角来看，矛盾是事物变化发展的根本原因，事物变化发展都有一个量的积累过程。新事物是推动社会不断进步的动力。事物是变化发展的，当新生事物走到生命尽头，就会变成旧事物，如果不将其及时去掉，就会阻碍社会的进步发展，由动力变为阻力。只有用更新的事物将旧事物替换，社会才有活力和生机。

机遇是不可多得的战略资源。历史一再证明，谁重视机遇，谁就有可能抓住机遇；谁抓住机遇，谁就能得到发展。只有珍惜机遇、抓住机遇、用好机遇，主动作为，才能真正将机遇优势转化为发展优势，将现实机遇转化为发展成果。

二、普华永道发展战略

（1）普华永道打造的全方位专业团队模式是实现"新方程：信任＋成就"战略布局的坚实基础，这些富有创造力的多元化专家团队凝聚在一起，携手帮助企业及组织建立信任并缔造持续成就。此工作模式需大规模投资，持续提升多方面能力，为客户、各利益相关方和社会创造价值和影响力。未来五年内，普华永道全球网络将投资120亿美元，预估创造逾10万个新工作机会，持续全面赋能合伙人及员工未来技能，以驾驭新时代的挑战。

这一战略体现了方法论中科学技术是生产力系统的渗透性要素；在生产实践中，生产力系统的各项要素相互联系，相互作用；科学预见未来。

科学技术是生产力系统的渗透性要素。马克思指出：生产力中也包括科学。当科学还处于知识形态未加入生产过程以前，它只是一种精神力量，是潜在的生产力。只有当它通过技术环节应用于生产过程，渗透到其他要素中，如物化到劳动资料和劳动对象中，改变和提高生产资料的性质和水平；用科学知识武装劳动者，提高劳动者的智力和生产技能；把科学技术转化为生产组织管理的手段，提高管理效率和生产效率，科学技术才能转化为现实的生产力。

在生产实践中，生产力系统的各项要素相互联系，相互作用。劳动者是生产力系统中的主体性要素，它具有能动性，是"全人类的首要的生产力"。以劳动工具为主的劳动资料在生产力要素中具有重要作用，"各种经济时代的区别，不在于生产什么，而在于怎样生产，用什么劳动资料生产"。而"劳动生产力是随着科学和技术的不断进步而不断发展的"。在现代，科学技术已经成为"第一生产力"，科学技术和管理在生产中发挥着越来越大的作用。

科学预见未来，是人们认识世界的重要任务。毛泽东指出："凡事预则立，不预则废。没有事先的计划和准备，就不可能获得战争的胜利。"必须指出的是，科学预见是以事实为依据，以对客观规律的认识为前提的，是建立在对实际情况的全面把握和科学分析的基础之上的。我们只有通过分析矛盾各方的特点、性质和相互作用，分析内部条件和外部环境，分析时代特点，才能对事物的发展趋势和发展阶段作出大致准确的预见。如果离开客观事实，无视客观规律，仅凭良好的愿望和主观的猜测进行预见，则毫无科学性可言。

（2）普华永道计划扩充其环境、社会和公司治理（ESG）创智中心，扩大 ESG 及其相关话题包括气候风险、供应链等领域的专业团队规模。同时，还计划创建全球 ESG 研究院以赋能合伙人和员工，将 ESG 概念纳入并整合到他们的工作中。来自普华永道全球网络 60 个国家和地区的 1000 位合伙人在 2021 年 5—6 月完成了为期 42 天的深度探讨，重点关注全球关键趋势所衍生的商业问题。

从方法论视角来解读普华永道这一计划，世界是一个普遍联系的统一整体，联系具有普遍性和客观性。这就要求我们用联系的观点看问题。国与国之间、地区与地区之间都有密切的经济联系，这就要求我们必须正视这一现实，积极主动地去迎接和面对经济全球化的到来。

经济全球化使得各个国家处于全面竞争之中，也为广泛的相互合作、相互学习提供了舞台，面对日益严重的环境污染、生态恶化等"全球性问题"

只有全球合作才能解决。合作与竞争是一种相辅相成的辩证关系，没有竞争实力就不会有深层次的合作机遇，即使合作也是不平等不对等的合作，而要增强实力就必须积极参与国际交流与合作，这样在无情甚至残酷的国际竞争中才能提高自己的竞争力。世界历史发展历程充分证明，积极开放、参与国际合作、融入世界潮流成为每一个国家和民族经济社会发展的必要条件。

（3）普华永道实施灵活办公制度、发展远程工作模式，积极履行其之前宣布的员工技能全面提升的承诺，持续吸引多元化优秀人才。其中10万个新增工作岗位将集中在从环境、社会和公司治理（ESG）到人工智能的新兴领域。此外，普华永道每年将继续雇用3万余人担任初级职位，提供培训和资历，为员工在普华永道或其他地方的良好职业生涯奠定基础。

普华永道出台的这一系列政策制度集中体现了公司"以人为本"的发展理念。如果从社会历史发展主体的角度考虑，人的发展与社会发展在本质上是一致的。社会是由人构成的，人的生存状况和社会关系状况是社会发展水平的标志。人发展到什么程度，社会就发展到什么程度。经济、政治、文化发展是人的发展的表现。同样，社会发展到什么程度，人就发展到什么程度。人是社会的主体，人们通过追求自己的目的而创造自己的历史；人们通过满足自身需要而实现自身的发展，从而推动社会的进步。社会发展实质是人的发展，人的发展是社会发展的根本目的和衡量尺度。

这一方法论在企业中主要体现在职工发展与企业发展的关系上。企业的价值观是企业文化的核心内容，是企业文化的基石，是企业成功的精髓。职工是企业效益的创造者，企业是职工获取人生财富、实现人生价值的场所和舞台。企业因有受过良好培训的员工而受益匪浅，而个人则因增加了某项技能、提高了素质而受益。要确立企业发展与员工受益于一体的价值观，就要树立企业的"家庭"观念。员工在企业这个大家庭里，从事某种工作，在贡献价值的同时又提高了自己的技能。比尔·盖茨说过，他给员工最大的福利就是给员工以支持，给予员工培训。我们通常所说的福利，一般就是给套房子或给些钱，但比尔·盖茨不是这样认为的，他认为最大的福利是给予员工支持，给予员工智慧，这值得我们深思。

三、普华永道的发展路径与前景

（1）普华永道在第四届中国国际进口博览会上发布了"新方程：信任＋成就"的战略布局，预计在未来五年新增投入80亿元，快速推进前沿科技在各项业务中的应用，并针对数智重塑、数字产品及解决方案、ESG可持续发展、区域协调发展、未来人才这五大领域进行重点投资，激发员工释放潜能以便更好地助力客户驾驭新时代的挑战，携手客户在新时代共创新价值。

一直以来，普华永道始终坚持专业匠心和高质量服务，截至2021年，已连续18年在中国注册会计师协会发布的会计师事务所年度百强排名中位列榜首。未来，普华永道将继续坚持以人为本、科技赋能的策略，快速推进云技术、人工智能、大数据、区块链和其他前沿科技在审计、税务和咨询等领域中的应用，结合行业洞见和专业经验，致力于帮助客户加固网络安全基石、提高价值链韧性，在交易中创造价值，在资本市场取得可持续发展。

普华永道这一战略布局体现了"以人为本"的方法论，人是社会发展的主体；矛盾具有普遍性和客观性；科技是第一生产力。

企业是企业文化、企业精神的载体，有远见卓识的企业家都会利用这个载体来塑造和弘扬企业文化，员工在这片沃土上不断提高素质，塑造自己的人生之路。优秀的企业文化是领先于竞争对手的关键性力量，文化的缺憾必将导致形成畸形的企业文化，文化的丢失必然导致企业生存权的丧失。这说明企业与员工关系密切，员工的人生价值与企业价值之间相互依存、相得益彰。具体表现在企业对内和对外两个方面：对内要不断满足员工的需求；对外要以用户为中心。

"知识经济"催生了所谓的"知本家"阶层，实际上是突出了人才的特殊重要性。各个国家之间科技实力的竞争本质上是人才的竞争。全球性的人才市场、遍布各地的跨国公司、便利的交通使得人才的全球性选择、全球性流动成为可能，也对一切不利于人才成长、选拔和使用的制度，一切不利于实现人才价值的社会环境提出了致命的挑战。

矛盾具有普遍性和客观性，这要求我们要坚持两分法，用一分为二的观点看问题，也就是坚持全面的观点。经济全球化给我们带来了发展机遇，有积极方面；但也是一个挑战，我们在紧紧抓住全球化带来的发展机遇的同时，也要采取措施避免其带来的不利影响，做到趋利避害。

当科学技术运用于生产时，便成为直接的、现实的生产力。科学技术通过渗透到生产资料的劳动力之中，引起它们的优化，推动生产力的发展。现代科学技术成为整个社会产业，经济结构变革的巨大推动力。在当代社会生产中，科学技术起主导作用，是推动经济增长的重要因素。科学技术已经成为第一生产力。从国家发展战略的角度看，"科技兴国"与"人才强国"是相互支持、一体两面的关系，我们必须看到我国在这方面的严重不足，努力改革各种不合理的制度，努力形成一种对各种人才具有强烈吸引力的制度环境，努力通过改革和发展使我们一直面临的"人口压力"转变为人才优势。这是提高国家竞争力的最重要的环节，也是显示社会主义制度优越性的重要表征。尤其是进入信息化时代，科技更是企业和国家之间竞争的主战场，推进前沿科技的快速发展，逐步实现数字化发展已是大势所趋，普华永道能及时科学地规划未来，是其成功的先决条件。

（2）我国正按"十四五"规划和2035年远景目标的指引，着力构建新发展格局，推进数字中国建设，加快绿色发展以实现"双碳"目标，全面推动经济社会高质量发展，迈向可持续未来。面临前所未有的历史性发展机遇，企业和组织需要敏捷应对，在数字化转型、企业文化及可持续发展目标上做出根本转变，并促进建立持久信任与缔造持续成就之间的良性循环。

由于各个国家和民族都是世界历史中的一员，最终都要融入世界历史之中才能实现自身的发展，经济全球化对个人及其社会发展都产生了深刻的影响。我们需要以世界眼光观照当代社会发展。当代社会的突出特征是全球经济一体化，并且产生了巨大效应。这种效应已经深入社会生活的各个方面，它不仅影响了每个人，而且影响每个人的一生。

我们必须看到当代社会发展对科学技术的全面依赖，对科技创新的全面依赖。"科学技术是第一生产力"，对这个命题我们不能从生产要素的角度简单地直观地去理解，而需要从世界历史发展的规律和趋势，从经济全球化造成的全球性竞争态势，从现代科学技术的普遍应用既大大提高了劳动生产率，更使得产业结构、生产组织方式、管理方式以及人们的生活方式、交往方式、价值观念和思维方式发生变化的角度去理解。

新的科技革命特别是以计算机网络为标志的信息技术革命从根本上改变了人类的信息传播方式和知识增长方式，也极大地提高了信息和知识在整个经济发展和社会发展中的地位和作用，这是一个"信息社会""信息时代"，更是"知识经济"时代。如果说大机器和电力意味着人的体力增强壮大，那么信息技术则意味着人的脑力或智力指数式地提高，因此产生了"信息产业"这样的新型产业，使得整个物质生产系统"智能化"甚至"无人化"变成了现实。不仅如此，它使得每个人都能够直接面对和吸取人类文明的全部成果，直接实现个体与类的双向互动，从而大大提高了"知识生产"的效率，尤其是大大提高了科技创新、文化创新的频率和规模，为经济和社会发展提供了永不衰竭的强劲动力。

四、普华永道面临的机遇与挑战

经济全球化是世界历史发展的新阶段，对各个国家的经济社会发展产生了深刻而巨大的影响。人们在全球交往活动中既认识到了彼此间存在的许多共同利益，形成了一些全球共识和全球行动，同时也在经济全球化进程中认识到了自己的特殊利益和文化特质，强化了自己的身份意识，并对自己存在和发展的权利有了更为强烈而明确的认识。因而经济全球化必然是多极化的，是众多主体共同参与又各自坚持自己的民族立场和利益诉求的，它本身就是一个多元统一体。看不到这种多元的矛盾统一，或是以一种浪漫主义的态度，只看到共同、合作，只看到积极的方面而忽视差异和消极的方面，或是还坚持冷战思维，坚持以僵化过时的意识形态画线，以抽象的争论姓社姓资设问，都是片面的、错误的。

论合生创展置业通州合生汇的机遇与挑战

统计学 肖泽众

一、合生创展集团概况

（一）集团简介

合生创展集团有限公司（以下简称"合生创展"）成立于 1992 年，于 1998 年在香港联交所主板上市。合生创展是致力发展住宅地产、商业地产等泛地产事业的大型综合性企业。三十几年的时间里，合生创展凭借锐意进取的精神造就了今天的辉煌。目前，合生创展已经成为房地产行业龙头企业之一，发展重心集中在珠江三角洲、长江三角洲以及环渤海地区。在北上广一线城市，合生创展有多处房地产开发项目，旗下地产知名品牌有珠江帝景、骏景、愉景等；在京津冀、长江三角洲、粤港澳大湾区有多处优质且低成本的土地储备，这成为合生创展的核心竞争优势。2022 年 5 月，福布斯发布 2022 全球企业 2000 强排行榜，合生创展排行第 1295 位。

合生创展的商业板块目前有轻、重两大管理平台，且逐渐形成商业不动产和合商科技双平台业务，负责集团旗下所有自持商业物业的规划定位、招商运营及物业管理；拥有超 100 个商业地产项目，管理 10 余个大型城市综合体，已建成运营的项目面积超过 500 万平方米。合生创展主要收入来自住宅地产，但其近年来商业地产收入增加明显（如表 1 所示）。

表1　　2017—2018 年合生创展住宅地产与商业地产营业收入占比分析

单位：百万港元

项目		2018 年	占比（%）	2017 年	占比（%）
住宅地产		9434	77.59	11126	86.33
商业地产	物业投资	2292	18.85	1354	10.51
	酒店管理	432	3.55	408	3.17
总计		12158	100	12888	100

数据来源：合生创展年度业绩报告。

合生创展的商业地产主要位于北京、上海、广州三大一线城市，以三大核心城市为中心向周边区域蔓延，形成珠江三角洲、长江三角洲、环渤海地区三大核心板块，涵盖写字楼、购物中心、城市综合体、产业园、养老公寓以及酒店等。目前，旗舰品牌"合生汇"已成为著名商业地标，成功孵化了多个自有 IP，其中北京朝阳合生汇、上海五角场合生汇成为时尚潮流生活的"引力场"。

（二）北京通州合生汇项目简介

北京通州合生汇项目位于北京城市副中心通州区，是长安街轴线与东部发展带节点之上的城市综合服务中心、文化产业基地、滨水宜居新城；商业面积 11 万平方米，2000 余个停车位；西临京杭大运河东岸和运河公园，东邻河畔丽景小区，北侧连通地铁 6 号线和 S6 号线，距离北京市政府行政预留地仅 5.7 千米，交通便利，是城市未来的重要节点。其中商业面积超过 10 万平方米，预计 2023 年竣工。

二、置业背景与动因分析

（一）良好的财务状况

截至 2018 年年底，合生创展总资产为 1641.11 亿港元，总负债为 963.37 亿港元，所有者权益为 677.74 亿港元；资产负债率为 58.70%，在行业中处中等水平；2018 年期末总债务为 551.01 亿港元，短期债务/长期债务为 0.32，短期偿债压力较小。2018 年度合生创展总营业收入为 132.94 亿港元，净利润 58.23 亿港元，营业净利率为 43.80%，同其他房地产企业相比盈利能力较强，竞争优势明显。合生创展财务摘要如表 2 所示。

表 2   合生创展财务摘要

		2019 年 6 月 30 日	2018 年 12 月 31 日	2017 年 12 月 31 日	2016 年 12 月 31 日
成长能力指标	营业收入（亿元）	63.53	116.48	115.56	145.41
	营收同比增长率（%）	51.77	0.80	−20.53	35.12
	毛利润（亿元）	33.18	57.20	42.51	40.07
	毛利同比增长率（%）	65.63	34.56	6.09	51.26
	归母净利润（亿元）	23.34	50.60	48.45	34.60
	归母净利润同比增长（%）	12.00	4.44	40.03	150.94
盈利能力指标	平均净资产收益率（%）	3.99	8.90	9.78	7.11
	总资产净利率（%）	1.52	3.63	4.04	2.83
	毛利率（%）	52.23	49.11	36.79	27.56
	净利率（%）	37.43	43.80	42.04	23.64
财务风险指标	资产负债率（%）	62.16	58.70	56.94	57.59
	流动比率	2.02	2.15	2.17	2.44
	速动比率	0.70	0.59	—	—

数据来源：合生创展的财务报表。

从上述财务摘要来看，合生创展毛利润处于增长状态，这在竞争日趋激烈的房地产市场实属不易，说明合生创展实力雄厚。盈利能力方面，合生创展毛利率和净利率均保持了一定的上升幅度，净利润不断上涨；偿债能力方面，负债水平居中。根据 2018 年中国上市房企速动比率统计来看，2018 年合生创展以 0.59 的速动比率在房地产行业处于中等水平。

（二） 自带流量的 IP——朝阳合生汇

北京朝阳合生汇是合生创展城市综合体产品线在北京落地的第一个项目，仅两年就实现了日均客流超过 15 万人次，是合生创展推出的城市综合体品牌，总建筑面积 316772 平方米，紧邻国贸、华贸两大商圈，位于 CBD 东区金角之上，广渠路和西大望路两大交通主动脉交会之处，与地铁 7 号线、14 号线连通。合生汇商场定位于集购物、餐饮、娱乐、休闲、儿童体验业态于一体的精致生活体验式购物中心。该商业项目旨在打造理想灵活的零售空间，为周围的中高端消费者提供完善的体验式生活服务。合生汇商场入选 2019 必逛商场榜，被消费者冠以"有温度有担当的商场"称号。

北京朝阳合生汇无论是在前期的选址、规划和建筑设计上，还是在开业后的精细化运营上，始终坚持对创新的探索，不断满足消费者需求，持续提升区域价值，与城市"共生共长"，利用特色活动、借助节日的氛围，依托超大的共享空间，汇聚时尚客群，成为京城时尚潮流新标杆；整合商户活动及商户团体，开展形式多样的主题活动以满足现代都市人的生活需求和精神诉求，为广大消费者带来音乐、运动、美食、鉴赏等多元化的极致体验。无论是在消费体验的维度上，还是在活动类型的创意上，北京朝阳合生汇迅速成长为行业翘楚，牢牢吸引了一批热爱时尚、钟情美食、追求潮流的年轻消费者。朝阳合生汇以及即将开业的昌平合生汇、通州合生汇能够形成巨大的品牌效应，在北京占据独具一格的商业区地位。

（三） 政策支持

《北京城市总体规划（2016 年—2035 年）》中提出的"一核一主一副、两轴多点一区"的城市空间结构，使北京城市副中心成为关注焦点。文件指出，北京城市副中心应紧紧围绕对接中心城区功能和人口疏解，发挥对疏解非首都功能的示范带动作用，促进行政功能与其他城市功能有机结合，以行政办公、商务服务、文化旅游为主导功能，形成配套完善的城市综合功能。要坚持建管并举，努力使北京城市副中心成为没有"城市病"的城区。2019

年北京市委、市人大、市政府、市政协四大班子搬迁至城市副中心，并带动相关部门陆续迁入，预计将实现 40 万人向外疏解。

《2020 年通州区促进消费提档升级工作措施》指出，2020 年通州区将鼓励传统商场实施"一店一策"升级改造，加快推进贵友大厦、蓝岛大厦、北京华联、人民商场等企业的改造提升；加快推进商圈改造提升，打造梨园商圈、运河商务区等一批活力街区和高品质商圈；鼓励大型商业载体与国内外知名品牌合作，大力发展首店经济。这无疑将促进合生汇在通州的落地。

三、发展机遇和面临的挑战

（一）发展机遇

1. 政策红利带动商业升级

基于目前北京四环内商业项目存量较多的特点，四环外各区正成为商企布局北京市场的新选择，尤其是通州。多家商企纷纷布局通州，通州在近两年内迎来新商业项目的爆发。虽然目前通州各大商圈的功能相对单一，综合条件有待改善，但在北京城市副中心的政策红利带动下，高端消费和新消费需求将不断刺激通州商业格局的进一步提升。深耕北京十多年的富力商业把目光投向了通州，在通州目前拥有通州富力广场和通州富力星光里两个项目，这两个项目皆位于通州运河商务区、地铁 6 号线北运河西站地铁上盖。其中，通州富力广场定位为城市级综合体，通州富力星光里定位为社区型综合体。

运河商务区作为通州商圈的后起之秀，成为各大商企的必争之地。除了富力商业，爱琴海商业也"瞄"上了这里。北京第二座爱琴海购物公园落户于通州，现处于招商阶段。爱琴海购物公园通州项目属于存量项目改造，是在京杭广场原有建筑空间的基础上进行改造。在招商方面，该项目瞄准国际轻奢品牌和潮流品牌，希望通过区域性首店吸引消费者。同时，还将规划打造国际美妆和护肤品的集合地。

在通州，新华大街作为城区主干道，大部分的商业项目均沿途而建。地铁通州北关站附近，在建的商业项目有通州远洋新光、北京新中心大融城以及通州合生汇。通州合生汇坐落于新华大街，紧邻月亮河公园，是一个集商业、办公、酒店、住宅于一体的大型城市综合体，商业面积超过 10 万平方米。

2. 供需不平衡

接二连三的新项目入市，可能会对一些已有项目造成经营压力，后者的转型迫在眉睫。通州目前的商场并不少，但消费者较多的商场仅有两三家，而一些老牌商场已经无法迎合年轻人的喜好，存在设施老套、商品结构失衡等问题。如贵友大厦、国泰百货等，客流越来越少。近几年新开的领展购物广场·京通（原名京通罗斯福广场）属于年轻人较喜欢的商场，但与市中心的商场相比，依旧在品牌上略逊一筹。只能满足人们日常的吃喝玩乐，若是想要购买一些特殊品牌，还需要"进城"才能买到。

3. 商业提质的必然性

随着北京市级机关迁入通州，该区域正在逐步聚集中高端消费群体，城市副中心商业提质升级已是必然。政府机关的迁移及环球影城的开业，影响着区域内的文化、教育、旅游、商业等资源的聚合。尤其是通州便利的交通和住宅地产开发建设的加速，使通州的商业、文化、居住价值得以提升，从而吸引了大量城市人口入住，这导致通州对现代化商业需求更为强烈。通州作为北京城市副中心，只有高品质的生活性服务业才能适应人口增加和新消费需求的变化，因此大量商业项目聚集通州。而商业项目进驻一个区域是要经过大量的市场调研的，正是因为存在需求，所以才会选择在该区域落地。商业项目大量聚集其实是一件好事，这样可以刺激区域的商圈氛围形成，也能形成商业竞争的良性循环。

北京城市副中心的定位其实在某些方面和功能上能够超过中心城区的发展，加上通州的商业布局目前还存在一定空间，未来大型商业项目的进驻正好可以填补这一空白。对于城市副中心的承载功能，城市副中心的价值主要是分散承担 CBD 不能实现的功能，如市中心因空间相对有限而不能容纳的产业和服务，通州可以在配合政务和商务功能的前提下实现与市中心功能的互补。

（二）面临的挑战

作为商业地产项目，通州合生汇项目经历了房地产政策调整、银行利率调整等，宏观环境发生了很大的变化。项目建设地点北京市通州区目前基本处于商业不发达阶段，项目建设的社会环境也发生了一定的变化，且合生创展正处于快速扩张期，其组织架构和经营理念都处于逐步完善的阶段，因此无论从建设单位内部考虑，还是从外部环境考虑，项目建设都存在一定风险。这将直接影响通州合生汇项目最终能否运营成功。

1. 项目内部风险问题

从风险管理的角度考虑，快速的扩张将会产生一系列诸如资金链短缺、人力资源匮乏等财务和管理方面的问题。近年来合生创展各个方面都取得了很大的发展，内部组织体系建设及管理水平也得以不断完善和提升，集权化的管理模式有利于公司统一布局和发展，项目按流程分期管理的模式有利于明确责任。同时培养了各阶段的专业人才，组建自己专门的设计团队，对各地合生创展广场项目进行规划设计，因此合生创展才创造了如此迅猛的发展速度和辉煌的业绩。但是这样的管理也有一定的风险，如集权化管理不利于因地制宜地发展项目，容易忽略区域差异，可能造成项目设计千篇一律，缺乏新意；流程化分期管理使得项目各个环节之间衔接性不好，不利于整个项目的系统性管理。

2. 项目外部风险问题

（1）高端商务定位尚未完全实现，大规模商业体供应过量。随着CBD核心区域的逐渐扩大，到通州置业的CBD工作人群越来越多，新华大街商圈就是这部分新迁高薪白领的主要聚居区。虽然该商圈被定位为高端商务功能区，但新城建设还在进行，旧城改造的大规模拆迁工作还没有完成，诸如绿地等新华东街的大型商业项目仍然处于工地待建状态，传统居住区、废弃工厂和"碎片化"功能单一的传统业态、沿街式商铺仍然存在，顶级商务综合体（北京one、合生创展等）与中低端社区百货（上科华联、天天人民广场等）同街并存，整体商业水平还不能满足主体消费者不断提高的需求，抑制了部分消费能力的释放，影响了商圈整体形象。同时，未来多个大体量商业项目几乎同时推出，且基本定位为一站式购物中心和商务综合体，辐射范围重合，同质化竞争较严重，社区商业体系可能面临大型商业中心供应过量的压力。

（2）业态单一化，社区购物中心布局过密。中高端定位的社区商业体系一般以购物中心为主力业态，购物中心和连锁组织相互促进、共同发展。但通州商圈多个大型商业中心单纯的集聚型方式，将导致商圈内部竞争激烈化、业态单一化。在电商持续的冲击下，品牌招商资源有限、业态规划趋于一致，有的商业项目对国外兴起的新概念理解有误、盲目追求，不考虑实际而对"大、多、新、齐"的商业设施趋之若鹜，导致业态结构不合理，缺乏连锁便利店、超市、专业店和专卖店、百货店和购物中心等业态的功能配合机制，商品零售网点多且布局散乱，生活服务网点少，降低了居民的生活质量，抑制了居民多层次、高水平消费需求的满足。

（3）信息服务能力落后。就高端商务圈定位而言，通州相较其他城区的信息服务能力相对落后，仍需要进一步发挥电子商务等先进技术的信息服务作用。一方面，社区商业体系缺乏高效成熟的信息服务平台，社区内现有的电子商务平台仍以简单的B2C（企业对消费者）模式为主，商务服务模式单一，少数社区商业采取了O2O（线上到线下）模式，但尚不成熟；对配送、用户体验等问题考虑不够，没有在社区商业中充分运用大数据、LBS（基于位置的服务）定位技术、人工智能以及诸如射频识别、二维码、智能传感器等先进信息技术，降低了服务效率。另一方面，社区商业体系缺乏商圈商户联盟网络平台，没有形成业态内或行业间组合联动机制，导致整体服务质量较差。

四、发展路径

（一）最大化利用政策支持

合生创展成功的城市综合体经营模式，给地方发展带来了一定的经济效益和社会效益，使其合生汇项目可以较为容易地获得政府税收等方面的减免和支持政策。政府的支持将有利于项目的招商引资，有效提升品牌知名度。因此，在合生汇项目开发前期阶段应积极地与政府进行谈判，赢得政府税收等方面的支持。

（二）不断创新独有的商业生态模式

合生创展的商业运营要保持创新能力，这种创新能力体现在多个方面。比如，在商业模式的创造方面，不能仅是传统地主和租户之间的关系，也不能仅是传统的商场和商户，或者商场和消费者之间的关系，更重要的是要打造共赢的生态圈。企业如果不突破自己，不考虑怎样实现更好的业态组合，可能以后很多商业价值将无法实现最大化。只有不断创新尝试，才能在整个市场竞争中立足。

（三）稳住发展态势，不能仅求"快"

合生创展也经历过比较严重的资金周转风险，由于自持商业部分资金回收期长，而其采取的又是快速复制扩张的发展模式，因此仅依靠自持商业部分回收资金必然会出现资金链短缺的状况。现在国家政策不允许房地产集团做更多积极的投资，因此合生创展要稳住发展态势，不能为了发展把资金链搞断，使公司运营出现问题。为了维持稳健发展态势，要制订合理的发展计划，进行逆周期调节。

同时，可以采用租售结合的运营模式，商业部分全部自持经营，保持合生创展广场的品牌效应；写字楼部分采用租售结合的模式；住宅部分全部出售，这样可以较快地回收一部分资金，实现项目内资金的流动。通过销售来平衡资金，回收的资金用于自持商业部分的发展，进一步带来持续的长期的投资回报。另外，合生汇商业部分可以达到较高的资金回报率。如此，租售结合的模式可以有效解决合生创展资金周转问题，而且可以保持较高的收益率。

对西北工业大学北京研究院入驻国家网络安全产业园区（通州园）的分析

管理科学与工程　孔令婕

西北工业大学北京研究院（以下简称"北京研究院"）入驻国家网络安全产业园区（通州园）（以下简称"通州园"），这是西北工业大学建设的第 8 个跨地域的研究机构。西北工业大学坐落于陕西西安，是一所以发展航空、航天、航海（"三航"）等领域人才培养和科学研究为特色的多科性、研究型、开放式大学，是国家一流大学建设高校，隶属于工业和信息化部。

为贯彻落实国家创新驱动发展战略、网络空间安全战略和人才强国战略，深度参与国家网络安全产业园区（通州园）建设，充分发挥西北工业大学在航空、航天、航海、网络空间安全、无人系统、计算机等方面的学科、科研和人才优势，服务北京市全国科技创新中心和北京城市副中心建设，西北工业大学与通州区政府决定共建西北工业大学北京研究院，并于2019 年 10 月 18 日签署产教融合合作协议。北京研究院紧密围绕国家网络空间安全战略需求，聚焦通州园建设网络安全高端产业集聚示范基地和网络安全领军人才培训基地的定位，通过开展科技创新、高层次人才引进、国际交流合作、科技成果转移转化和高新技术企业孵化等工作，打造网络安全产业创新示范平台。

2022 年 11 月，北京研究院正式在国家网络安全产业园区（通州园）开工建设，下文将从其入驻背景及原因、面临机遇与挑战，以及发展前景与未来规划等方面进行分析和研究。

一、入驻背景及原因

（一）地理优势

"十三五"时期，通州作为北京城市副中心，着眼于新时代党中央和人民群众对北京发展的新要求、新期待，扎实落实北京城市总体规划赋予副中心的战略定位和发展目标，紧扣经济社会发展要求，聚焦"七有"要求和"五性"需求，直面城市发展难题和挑战，实现了高质量跨越式发展。其中，北京城市副中心设施投资累计 1622 亿元，同比增长 215%，集中推进北京城市副中心综合交通枢纽、城际铁路、城市轨道、科技赋能、商圈建设、流域治理、电力通道、园林公园等重大城市设施建设。到"十三五"期末，区域综合承载能力显著提升，基础设施框架全面展开，生态环境品质持续提升，城市运行保障能力明显增强，改革创新不断深化，为建设首都新两翼中的一翼、创造"城市副中心质量"奠定了坚实基础。

国家网络安全产业园区（通州园）位于北京市通州区东南部西集镇，规划占地面积 5.06 平方千米，包括企业总部区、产业生态区、产业配套区。通州园重点建设网络安全先进技术创新应用示范基地、成果转化基地、创新孵化基地、国际化产业合作基地、检测验证等社会化服务基地、人才培训与科普基地，集中布局网络安全大型骨干企业。

北京研究院位于国家网络安全产业园区（通州园）中，建设用地规模 20326 平方米，是国家网络安全产业园区中的核心地块，具有很大的地理优势，并且通州区还会在其运行初期，给予一定的资金支持。由于西部知名大学近几年来人才流失严重，出现了"孔雀东南飞"现象。出现这种现象最严重的是兰州大学，当然西北工业大学也存在这种情况。对此，西北工业大学采取措施积极应对，数年时间内在全国布局了 6 个异地研究院，分别是西北工业大学青岛研究院、西北工业大学太仓长三角研究院、西北工业大学（上海）协同创新中心、西北工业大学宁波研究院、西北工业大学深圳研究院、西北工业大学重庆科创中心，北京研究院是西北工业大学在全国布局的第 7

个异地研究机构。虽然是第 8 个异地研究机构，但北京研究院的地位非常重要，可以高屋建瓴般地辐射全国。

（二）政策驱动

在"十四五"时期，通州加快建设步伐，相继出台了相应的发展政策。《中国（北京）自由贸易试验区国际商务服务片区通州组团三年行动计划（2021—2023 年)》将从八个方面开展重点工作，将通州组团打造成改革创新的"试验田"，力争在金融改革、城市治理和绿色发展等领域开出综合施策的"通州药方"。目前，北京绿色金融与可持续发展研究院、北京绿色交易所有限公司、华夏理财有限责任公司、华夏银行股份有限公司北京城市副中心分行、北京他山智石科技有限公司、中国长江三峡集团有限公司十五家二三级子公司、上田八木货币经纪（中国）有限公司和路孚特信息服务（中国）有限公司等各类金融机构相继落地运河商务区。《北京城市副中心（通州区）"十四五"时期服务业扩大开放和商务服务业发展规划》提出，加快建设国际消费中心城市新增长极。构建运河商务区总部经济、财富管理、绿色金融等高端商务产业布局，在张家湾设计小镇形成城市科技和设计服务以及智库经济新集群；构建三级商业网点体系，打造智慧高效的现代物流体系，创新便民商业服务模式；推动传统商圈"一店一策"升级改造和"智慧商店""智慧街区""智慧商圈"建设。为加快建设国家网络安全产业园区（通州园），通州园内部还入驻了部分企业，如杭州海康威视科技有限公司、作业帮教育科技（北京）有限公司、重庆忽米网络科技有限公司和蚂蚁科技集团股份有限公司，未来将分别在安全防控、网络安全教育培训、工业互联网和金融安全领域开展合作。

国家网络安全产业园区（通州园）为强化政策支持，出台了《关于加快推进国家网络安全产业园区（通州园）产业发展的若干措施》，旨在为符合条件的优秀人才提供北京户口申请特色通道，在非京生源应届硕士以上毕业生接收、工作居住证办理、子女入学等方面为企业提供便利。

（三）产业园区优势

国家网络安全产业园区（通州园）是 2017 年 9 月 30 日由工业和信息化部与北京市人民政府签订《关于建设国家网络安全产业园区战略合作协议》，部市合作共同建设的国家级网络安全园区。作为北京城市副中心科技产业发展的主阵地和推进网络强国建设的重要平台，通州园定位为"国家网络安全高端产业集聚示范基地"和"网络安全领军人才培育基地"，承担网络安全产业集聚发展、产品服务创新及应用、实施网络安全人才培育计划等任务，秉承"智慧、创新、协同、共享、绿色"的理念，围绕"工业互联网、5G 网络、车联网、智慧城市、大数据、物联网、云计算、商业密码应用"八大方向发展产业，致力于打造国内领先、世界一流的网络安全高端、高新、高价值产业集聚中心。未来通州园也将深入贯彻落实部市合作协议，进一步建设成为全国一流的网络安全产业园区。

通州园为企业、研究院、商业机构等提供入驻资格，积极招商引资，招才引智。开园一年多以来，共聚集了 75 家网络安全相关企业，已有北京未来安全信息技术有限公司、北京太和纵横科技有限公司、北京小乔机器人科技发展有限公司等 13 家企业获得"国家高新技术企业"称号。2021 年园区企业加大融资力度，企业发展潜力巨大。未来通州园将持续大力培育园区重点发展产业，持续激发市场主体活力，满足企业发展新需求，还将建立园区企业服务中心，在工商开办、企业财税、法律服务、知识产权、政策申请、职住配套等方面为企业提供"一站式"服务，实现园区运营管理的高效协同和园区服务的便捷整合。2022 年，园区启动区办公及配套项目将实现开工建设，未来可提供 6000 平方米配套商业和 1.4 万平方米酒店公寓，园区内 5.7 万方米租赁住房包含专家公寓、居室和宿舍不同类型，满足园区各类人员住房需求。

（四）高校自身发展规划

北京研究院的建设是西北工业大学系统发展战略的重要一步，处于北京地区科技发展前沿，及时捕捉了国家政策和未来时代发展方向，紧跟优势资源，吸纳优秀人才，而且在高校云集的北京建立研究院可以与其他高校加强学术合作，进行优势互补，提高自身竞争力。

2019 年 10 月，西北工业大学与北京通州区政府签署了协议，计划筹备北京研究院的建设，北京研究院重点面向"三航"、网络空间安全、无人系统、智能制造等领域，同时向网络安全类专业倾斜。相关规划显示，西北工业大学拍得的 0060 地块，与南京理工大学拍得的 0052 地块比邻而居，这两所知名高校都是"国防七子"成员，相互之间交流也比较多。如果再加上北京本地的另外两所"国防七子"成员——北京理工大学和北京航空航天大学，那么就是"国防四子"齐聚京城。

二、发展机遇

北京研究院未来将紧紧围绕科技创新、高层次人才引进、国际交流合作、科技成果转移转化和高新技术企业孵化等开展工作。

（一）科技创新

《2021 年北京城市副中心重大工程行动计划》显示，建设内容包括网络空间安全创新平台、高端人才工作站、网络空间安全人才培训基地、科技成果转移转化中心等。西北工业大学具有较强的理工科优势，其材料科学、工程学、化学、计算机科学、物理学 5 个学科群进入 ESI 国际学科排名前 1%，其中，材料科学、工程学进入 ESI 国际学科排名前 1‰，未来将结合北京市高精尖产业定位和布局，依托北京研究院，打造汇聚新兴科技创新、领军人才引育和特色产业孵化"三位一体"的网络安全产业创新和示范基地，深度参与国家网络安全产业园区（通州园）建设，加快建设开放平台，积极发挥辐射带动作用。

（二）高层次人才引进

在京设立研究院，将自身的一部分放置在北京，成功跻身京校之一，对于西北工业大学在未来招揽人才和扩大生源，将起到非常重要的作用。北京研究院结合国家政策进行网络安全平台建设和相关业务开展，将会吸引相关专业人才和高水平教师来校。此外，北京研究院主要针对研究生和博士生进行招生和培养，对于人才引进有相应优惠政策，包括资金、户口和住房等方面，同时建设博士后流动站，设立引进高层次人才基金。

（三）科技成果转移转化

北京研究院身处国家网络安全产业园区，依托学科优势和政策支持，提高网络安全、智能制造、"三航"等方面科研水平，同时加强校企合作，将科研成果转化为专利等技术成果。北京研究院还定期举办创新创业大赛，推动高校师生参与大赛，将当前科创成果融入具体解决方案，请专家和企业人员进行筛选、点评，对优秀的项目重点培养和投资，推动成果转化。

（四）高新技术企业孵化

通州园开园以来，北京卫达信息技术有限公司、北京蔷薇灵动科技有限公司、华夏宏源（北京）科技有限公司、北京网藤科技有限公司等9家企业获得北京市"专精特新"中小企业称号，北京技德系统技术有限公司、中通天鸿（北京）通信科技股份有限公司、北京卓越信通电子股份有限公司3家企业获得北京市专精特新"小巨人"企业称号。身处国家网络安全产业园区（通州园），拥有得天独厚的企业孵化优势，北京研究院需要加强师生创新能力建设，同时结合产业优势，促进学生自主创业，对创业团队进行重点帮扶，对有实践性和落地的创业公司进行培养，提升自身企业孵化能力。

（五）促进就业

根据行业预测，未来十年网络安全行业将保持25%以上的增速，十年后我国网络安全市场规模将超过1.4万亿元，头部网络安全企业将迎来巨大发展机遇。根据工业和信息化部编制的《网络安全产业高质量发展三年行动计划（2021—2023年)》（征求意见稿），到2023年，我国网络安全产业规模超过 2500 亿元；电信等重点行业网络安全投入占信息化投入比例达 10%。在 2500 亿元市场的加持下，中国网络安全产业将迎来全面提速发展。

从地理区域来看，北京网络安全产业领跑全国。北京网络安全产业发展迅速，网络安全公司聚集较多，网络安全人才需求量大。据 360 网络安全大学联合猎聘大数据研究院发布的《2019 网络安全行业人才发展研究报告》，北京网络安全人才需求量最大，网络安全行业网络安全人才需求量占全国比重的 29.82%。由于北京高等教育与职业教育资源雄厚，对网络安全人才培养教育方面投入大，重视程度高，所以网络安全人才较为集中。北京网络安全行业求职者最多，北京网络安全求职者占全国网络安全求职者的 13.31%。北京市长殷勇说，北京市大力推进国家网络安全产业园区建设、积极培育网络安全企业集群，网络安全产业呈现产业规模领先、产业链结构完整、产业生态完善的良好发展态势。

由此，这对于北京研究院来说，这是促进学生就业的好机遇。一方面，行业现阶段发展需要网络安全方面人才，不管是企业还是政府都在加强网络安全建设；另一方面，凭借优越的地理位置，北京能够提供相当多的就业岗位。

三、面临的挑战

（一）产业总体规模偏小，头部集聚程度不高

总体来看，我国网络安全产业总体规模较小，在全国产业规模中的占比较低，与我国的经济地位和数字经济飞速发展的现状严重不符，且在总体产能不强的情况下，各个细分领域企业的体量和质量也都普遍缺乏竞争力。市场需求方面，用户对网络安全的需求仍主要停留在"合规"层面。如在法律义务上，2019 年 4 月施行的《中央企业负责人经营业绩考核办法》，对落实网络安全工作责任做出了明确规定。在相关标准上，2019 年 5 月，《信息安全技术 网络安全等级保护基本要求》等多项国家标准正式发布，提出主动防御、安全可信、动态感知、全面审计等新理念，覆盖云计算、大数据、物联

网、移动互联和工业控制系统等新领域。通过合规要求手段虽然能够调整网络安全在信息化的投入占比而扩大市场内需，但从国际与国内实践来看，合规推动的市场规模拓展缺乏可持续性，而且普遍使技术与产品市场出现了良莠难辨的低水平走向。国内网络安全企业除普遍缺乏竞争力外，对市场方向的把控也不够清晰准确，还没有充分将网络安全技术与产品应用到实体经济中，实现网络安全的真实价值，还未形成繁荣并可持续发展的网络安全市场。

（二）产业链条有待完善，附加价值有待提升

按照产业链条划分，网络安全产业可以分为上游基础硬件提供商，中游安全硬件、软件、集成商，下游应用产业场景。一方面，我国网络安全产业总体呈现上游较弱、中游适中、下游较强的发展格局，产品和服务的附加值有待进一步提高。由于部分企业一度存在重硬轻软、基础产业和核心技术投资不足等问题，我国网络安全产业长期存在关键芯片和基础软件上的短板，将国外技术产品包装成自主知识产权的"穿马甲"现象频出，导致我国在基础安全产业方面存在核心技术受制于人，缺乏掌控芯片、自主操作系统等基础核心技术的企业。虽然近几年国家组织骨干央企推动实施了自主研发的相关工作，中兴事件和中美贸易战等也进一步强化了"核心技术是买不来的"认识，但距离整个产业脱胎换骨仍有很长的路要走。另一方面，在新兴网络安全市场，如区块链安全、工控/物联网安全、威胁智能感知等领域，我国有竞争力的相关机构较少，创新动能不足，与国外相比有一定差距，导致我国网络安全产业发展后劲不足。各大高校需要在此方面进行研究，无论是为学术创新还是为企业长远发展提供保障。

（三）网络安全企业发展协同性较差

目前，国内的网络安全企业主要分为三类：一是中央企业，如中国电子信息产业集团有限公司和中国电子科技集团有限公司，这些企业依托雄厚的集团背景，实现了"网络安全和信息化"一体化发展，是国家网络安全产业的重要依托；二是互联网企业，主要是 BAT（百度、阿里巴巴、腾讯）等互

联网巨头，为维护其自身平台安全打造的网络安全力量，在汇聚网络安全领域的顶尖人才方面具有优势，但受其股东结构和主业所限，其核心任务目前以自身运营平台安全为主；三是"第三极"，就是除前两类力量之外的前文列举过的大量网络安全企业，其主体力量是民营企业。这支产业力量数量大、发展参差不齐，亟待国家政策层面的产业扶持引导。同时，我国网络安全企业不仅分散、孤立，且同质化竞争严重，不同企业之间的产品重合度太高，比拼的往往不是技术和服务，而是客户关系。很多企业逐渐变成销售主导型企业，从而没有更多资金投入技术和研发中，小企业和初创企业则更难冒头。

四、未来发展趋势

（一）扩大产业集聚效应

根据《国家网络安全产业园区发展规划》，到2025年，依托产业园建成我国网络安全产业"五个基地"：国家安全战略支撑基地、国际领先的网络安全研发基地、网络安全高端产业集聚示范基地、网络安全领军人才培育基地和网络安全产业制度创新基地，同时发挥对产业规模的倍增和放大效用及对GDP的拉动作用。今后宜积极借势"五大基地"建设和产业集聚，着力实现以下近期目标：一是集中优势资源促进自主研发核心技术的加速成熟和推广应用，以国家安全、网络空间安全等重大战略需求为核心驱动力，部署、推进一批网络安全关键共性技术研究，实现国家需求和产业能力的良性促进，同时搭建面向全球的协同研发平台，汇聚全球创新资源，构建核心技术生态圈，推动网络安全核心技术创新和科研成果转化；二是借助资源集聚打造产业链，以"芯片装备—关键元器件及芯片—基础软件—整机—智能终端及设备—应用及安全服务"全产业链布局为目标，在产业链上游，提高在核心电子器件、高端通用芯片和基础软件产品领域的研发能力，支持有实力的企业形成全面参与全球网络安全基础技术研究的竞争力。

（二）促进企业协同和校企合作发展

在协同发展上，目前已有部分网络安全企业开展了先行先试，通过多渠道合作优化网络安全生态环境。华为技术有限公司主导发起了"华为安全商业联盟"，通过深度整合联盟伙伴的安全服务，解决单一厂商较难为用户提供全面完整网络安全解决方案的问题。腾讯科技（深圳）有限公司联合启明星辰信息技术集团股份有限公司、中电科网络安全科技股份有限公司、北京立思辰新技术有限公司等在内的 15 家上市公司，成立了上市企业协作共同体，旨在搭建中国互联网安全企业的协同平台。

此外，为推动网络安全产业发展，除企业间协同外，还有两方面的协同尤为重要。其一是产业布局国内外之间的协同。要在做好国内产业布局和推进的同时，放眼全球产业布局，借助"一带一路"倡议推动我国网络安全产业走出去，通过与"一带一路"沿线国家合作，打造更多中国网络安全企业国际品牌，使之成为增强国家综合竞争力、提升国际影响力和话语权的重要力量。其二是军民协同。结合信息化条件下军事斗争需求，以聚焦提升金融、能源、电力、通信、交通等领域关键信息基础设施安全防护能力为抓手，提升国家安全战略支撑力，实现网络安全产业发展和网络空间国防建设相互支撑、相互促进、交融发展的良好态势。

（三）积极拥抱共享经济

近几年，随着共享经济爆火，共享产品和服务的领域越来越广，并逐步从生活消费领域向各领域渗透。共享经济离不开信息技术和网络环境，而网络安全产业本身就依托于网络，直接处于共享经济"2.0"时代，故应积极参照和利用共享经济的理念和模式，促进降本增效，推动自身发展。国家和地方网络安全产业园及其他产业集聚形态的出现和完善，也为诸多资源的共享创造了可能。在促进网络安全产业发展上，共享经济贯穿于设计、研发、生产、管理、服务等全链条，涵盖知识产权、技术专利和标准、共性技术平台、产品模拟测试环境、安全靶场、实训基地、攻防实验室、推广展示中心等各类资源，非常有利于产业链的纵向集成。在研发环节，要努力促进科研设备、专利资源、创新能力的共享，鼓励龙头企业积极共享自身的创新资源，扶持一批平台企业专注于集聚研发资源、促进共享经济模式在网络安全产业广泛应用，进一步完善实验、检测等环节的外包服务，从而挖掘潜在创新资源、释放创新活力、减轻创新包袱、变革创新模式，最终提升创新效率。

五、建议

（一）着力优化专业人才供给结构

数量充足、素质良好的专业人才队伍为网络安全产业的发展提供核心保障。一方面，要大力培养网络安全产业所需的大量基础人才和骨干人才，满足现阶段该领域存在的巨大人才缺口。这就要求我国高校在培养网络安全人才时，以市场需求为导向，大力促进知识学习与技能实践紧密结合，不断优化课程设置体系，通过联合培养、定向培养、校内外双导师制度等，不断培养适应网络安全产业现代化发展的人才。另一方面，要重点培养和引进网络安全产业所需的高精尖人才，通过大力加强国际合作交流、支持高层次人才承担科技计划项目及课题、实施柔性引进、做好高层次人才服务保障工作等逐步建立网络安全产业高端人才流动、协商、沟通机制。

（二）全力推动"产学研用"联动发展

技术壁垒是我国网络安全产业发展的屏障。为此，需要着力打造网络安全产业"产学研用"全产业创新链条，不断增强创新驱动能力。要进一步整合高校、科研院所和龙头企业的创新研发资源，通过加强各方面的深度合作，以共商、共建、共享的形式，将科研创新延伸至产业发展与落地应用，在知识产权改革、成果利益分配等机制方面深化改革，构建起广泛、高效的网络安全产业创新联盟。通过构建网络安全产业创新共同体，力求在关键技术、核心产品制造等方面实现原始性、自主性的重大突破，促进5G、物联网、大数据、云计算、人工智能与网络安全产业深度融合，综合提升威胁情报分析、智能检测预警、加密通信等网络安全防御能力，不断丰富网络安全在各行各业的落地应用场景。

苏宁易购集团股份有限公司入驻 北京城市副中心的研究分析

管理科学与工程　瞿玉玉

根据北京市通州区政府和苏宁控股集团有限公司（以下简称"苏宁控股集团"）2019 年 3 月 18 日发布的消息，双方于日前在北京签署战略合作框架协议。通州区政府表示，此番合作将充分发挥苏宁智慧零售、广场开发、物流配送、大数据应用、金融创新等领域的经验和优势，共同推动苏宁控股集团各产业在通州落地发展，服务带动通州产业转型升级和民生保障改善，助力通州经济健康快速发展。本文拟从苏宁控股集团入驻北京城市副中心的背景、动因、影响及发展进行研究。

一、背景及动因

（一）自身背景

1. 企业概况

苏宁易购集团股份有限公司（以下简称"苏宁"）创办于 1990 年 12 月 26 日，总部位于南京，是中国商业企业的领先者，经营商品涵盖传统家电、消费电子、百货、日用品、图书、虚拟产品等综合品类。截至 2019 年，全场景苏宁线下网络覆盖全国各地，拥有苏宁广场、苏宁易购广场、家乐福社区中心、苏宁百货、苏宁小店、苏宁零售云，苏宁极物、苏宁红孩子、苏宁体育、苏宁影城、苏宁汽车超市等"一大两小多专"各类创新互联网门店 13000 多家，稳居国内线下网络前列；苏宁线上通过自营、开放和跨平台运营，跻身中国 B2C（企业到消费者）行业前列。线上线下的融合发展引领了零售发展新趋势，提升了正品行货、品质服务、便捷购物等舒适体验。

在商品运营上，苏宁坚持全品类发展战略，创新变革供应链，深度协同零供关系，加强商品运营及供应商的服务能力。苏宁的经营品类覆盖家电、3C、母婴、快消、百货等。同时通过全球买手、全球直采、全球合作等方式，实现供应链的全球化布局。立足苏宁小店、苏宁易购、家乐福、苏宁广场等全业态，苏宁可以实现用户需求快速响应，从线上到线下，从城市到县镇，从购物中心到社区。

2. 企业现状

苏宁以传统零售起家，凭借苏宁电器在电器零售市场占据了一席之地，接着在企业发展壮大之后建立了苏宁生活广场。随着科技与互联网的发展，电子商务成为热门，给传统零售市场带来了一定的冲击。电商平台发展迅速，淘宝、天猫等电商平台的出现逐渐改变了人们的线下消费习惯，消费者开始朝线上市场转变。苏宁在这种市场备受冲击的环境下适时转型，改变发展方向，迈入智慧零售的新赛道，整合发展，在电商平台也占据了重要地位。根据胡润研究院发布的《2020 胡润中国 10 强电商》（如表 1 所示），苏宁易购榜上有名，并且是十强中唯一由传统零售商转型电商的企业，由此可见苏宁的成功。

表1　　　　　　　　　　2020 胡润中国 10 强电商

排名	公司	公司英文名称	价值（亿元）	掌门人	总部
1	阿里巴巴	Alibaba	41090	张勇	杭州
2	美团点评	Meituan Dianping	9190	王兴	北京
3	京东	JD	7490	刘强东	北京
4	拼多多	Pinduoduo	7280	黄峥	上海
5	滴滴出行	Didi	3600	程维	北京
6	携程	Ctrip	1090	梁建章	上海
7	唯品会	Vipshop	950	沈亚	广州
8	苏宁易购	Suning com	820	张近东	南京
9	车好多	CARS	600	杨浩涌	北京
10	每日优鲜	Missfresh	210	徐正	北京

资料来源：胡润研究院。

中国的十强电商中，有一半企业的总部位于北京。苏宁的总部位于南京，但随着产业规模的不断扩张，南京作为苏宁总部已经不能满足其全球布局的发展需求。此次入驻通州，猜测苏宁有在北京建设第二总部的想法。其一，苏宁本身具有较强的线上线下零售实力，可以把控和发展通州的智慧零售市场。其二，在与零售不可分割的物流仓储方面，苏宁累计投入近百亿元，储备丰厚，结合天天快递配送资源及阿里巴巴菜鸟网络优质配送网络，物流社会化收入放量增长。2022 年年初，《北京城市副中心（通州区）"十四五"时期服务业扩大开放和商务服务业发展规划》明确表示，将构建"物流基地 + 物流中心 + 配送中心"三级物流节点服务于传统实体商业以及通州区居民的日常生活和应急需求，苏宁入驻通州可以完善并利用日常综合服务型物流中心，为自己的零售业务助力。另外，苏宁的科技创新能力也可以为通州的网络安全建设助力。苏宁入驻通州是双赢的事情，对苏宁来说，可以扩大市场；对通州来说，可以借助苏宁的电商、科学技术拉动经济增长，促进通州城市功能更加完善，助力通州成为智慧城市。

（二）行业背景

互联网企业的快速发展使人们的生活方式发生了巨大的变化，大幅度地改变了人们的消费理念和消费方式，为人们的生活带来了便利与新体验。现如今，人们依托大数据及物联网技术，对消费的体验感要求更甚，更加注重个性化的消费方式。因此，在零售行业竞争日益激烈的环境下，传统零售商和电商企业都应跟随时代发展，根据消费者的需求来指导自身的发展战略，以往简单的购物形式与内容都不足以吸引消费者前来购买或者体验，线上购物方式虽然依旧流行，但是消费者对购物体验的要求逐渐提高。我国消费升级大势所趋，实体店和网络销售的融会贯通是未来发展的必然结果。所以，认清消费者需求和行业大环境，并及时做出调整，是每个企业都不能怠慢的事情。

1. 现有电商平台之间的竞争分析

电子商务经过多年的发展，整个行业竞争激烈，从全球来看，市场份额占据较大的电商平台主要有亚马逊、阿里巴巴国际站、Shopify、全球速买通等。在国内，综合性电商平台主要有淘宝、京东、拼多多和苏宁易购等；自建电商平台主要有永辉、大润发、联华超市等；垂直细分电商平台主要有聚美优品、唯品会、孩子王等。近几年拼多多发展迅猛，聚美优品、唯品会已经略显颓势，而苏宁早早地抓住了新零售的内涵，认准未来零售是线上线下（O2O），与物流融会贯通的新零售模式，显现出了较强的竞争态势。

2. **潜在进入者的威胁分析**

第一，国际上具有综合实力的零售巨头进入市场瓜分份额。它们具有成熟的技术和管理能力，资金雄厚，加上品牌效应可能会瓜分本来就竞争激烈的市场份额。

第二，传统零售不仅限于零售，也开始向新零售转变，建立了自己的电商平台。通州区永辉超市已经开启了微信小程序点单当日到家服务，十分方便快捷。像永辉这样有品牌效应和消费人群的传统品牌超市进入电商零售，势必会分走部分市场份额。

第三，直播带货成为热潮。抖音、快手等平台的直播市场异常火爆，订单量也十分可观，在互联网时代具有很大的流量。如果它们自建电商平台或者与其他电商平台合作，对于现有的平台也是一种威胁。

3. **供应商的讨价还价能力**

苏宁从事电器零售多年，拥有成熟的电商零售平台、客户渠道和物流能力，在与供应商的商讨合作中占据优势地位，商家与苏宁合作会做出一定的让利来达成稳定的合作关系，抢占市场份额。

4. **购买者的讨价还价能力**

现如今消费升级，电商平台的价格和质量都清晰透明，人们可以通过三方比价找到性价比最高的平台。只有给予客户更多的优惠或者推出更多定制化产品，才能留住消费者，降低消费者的议价能力。

5. **替代品威胁**

随着互联网的发展，短视频、直播、社区营销等进入大众视野，掀起了新的浪潮，冲击了零售市场。短视频和直播成本低、流量大，对于大品牌来说，仅依靠品牌影响力就能吸引顾客，而小品牌则可以依靠直播和短视频来提升知名度，这对传统电商平台构成了较大的威胁。

（三）宏观环境分析

本文将使用 PEST 分析方法对苏宁入驻北京城市副中心的宏观环境进行分析研究。

1. 政治背景

苏宁是中国的零售企业，立志要做中国的"沃尔玛 + 亚马逊"。2004 年，时任国务院总理温家宝在接见苏宁控股集团董事长张近东时鼓励他，"苏宁要做中国的沃尔玛"。5 年后，温家宝到苏宁总部考察，再次鼓励张近东"要超过沃尔玛"。作为根正苗红的中国企业，自然会得到政府的鼓励和关注。2019 年刚刚参加完全国两会的张近东在接受媒体采访时表示，"今年的《政府工作报告》中特别强调营商环境改善，彰显了党和政府毫不动摇地支持、保护、扶持民营经济发展的决心，对于广大民营企业，更是沉甸甸的信心。"现如今苏宁与北京市通州区政府达成合作，共同建设北京城市副中心，是经济与商业上的合作，也为京津冀城市群发展，疏散北京中心城区人口注入动力。

2. 经济背景

北京已经进入高度城市化阶段，人口膨胀引发了一系列城市病，疏散化成为北京市未来的发展趋势。通州因其良好的区位和发展基础，成为北京城市副中心，但是通州的发展现状仍然离城市副中心的建设要求差距较大。根据 2021 年北京市各区 GDP 排行（如表 2 所示），通州位列第十。北京的互联网产业以及其他高科技产业基本都落户于海淀、朝阳等，而通州相关产业较少，但是作为北京重点建设的新城区，通州新城发展目标是建设成"区域服务中心、文化产业基地、滨水宜居新城"。同时通州正在加快建设中心城，使之成为城市化的"龙头"。根据城市功能定位和东部发展带产业分工、错位发展的要求，通州明确了"优化提高一产、二三产业并重、突出发展现代服务业"的产业发展方针，出台了促进服务业发展的实施方案和鼓励措施，加快发展包括生产性服务业和生活性服务业在内的，二三产业融合的，高端、高效、高辐射力的现代服务业。

表2   **2021 年北京市各区 GDP 排名**

GDP 排名	区域	GDP（亿元）	增速（%）
1	海淀区	9501.7	8.8
2	朝阳区	7617.8	7.5
3	西城区	5408.1	8.1
4	东城区	3193.1	8
5	经济开发区	2666	28.8
6	顺义区	2076.8	10.6
7	丰台区	2009.7	8.2
8	大兴区	1461.8	56.4
9	昌平区	1287	10.4
10	通州区	1206.3	7.8
11	石景山区	959.9	9.2
12	房山区	818.4	7.7
13	怀柔区	435	9.7
14	密云区	360.31	7.5
15	平谷区	359.28	9.8
16	门头沟区	268.8	7
17	延庆区	204.7	4.1

数据来源：新浪财经。

按照服务业项目布局，通州将重点建设"五大城市功能区"。在运河城市段两岸，加快功能设施齐备、特色鲜明的现代文化商务中心和源头岛建设，打造集旅游度假、商贸金融和文化创意于一体的运河核心功能区。在通州西北部地区温榆河沿岸，依托便利的交通条件和良好的生态环境，开发建设以低密度、园林式、高科技、总部型为重点的商务园总部功能区。

通州极具发展空间和机遇，近几年大力吸引企业入驻，营造了良好的营商环境。苏宁也表示将进一步加大智慧零售在通州以及其他地区的全面布局，深化技术创新不断做大做强，助力地方高质量发展。

3. 社会背景

随着时代的转变，互联网的成熟，从前的单一化、普遍化的消费方式已经演变成多样化、个性化的消费方式。电商平台的发展使多渠道的运营模式应运而生，致使过去的传统零售方式不能够吸引消费者。不同于传统零售的实体店铺房租、管理费、人工费，线上零售商品种类多且价格便宜，且无须消费者出门。还有物流与七天无理由退货为其保驾护航，加之"双十一"大促、6·18 年中大促等节日消费营销，使线上零售势如破竹。但是电商的快速发展使得行业发展良莠不齐，随着人们的热情慢慢褪去，消费需求会进一步升级，加上线上零售暴露的问题越来越多，纯电商的时代不会一直存在。线上有平台、线下有门店的苏宁具有相当大的优势，将会在未来的智慧零售中占据重要地位。

4. 技术背景

苏宁科技集团常务副总裁荆伟在发表演讲时说，借助互联网、大数据等技术，零售行业出现了越来越多的新模式、新方式、新手段。在新技术趋势下，零售行业也出现了流量去中心化、场景内容化、体验数字化、服务专属化、供应链智能化以及产品的个性化的变化趋势。在此背景下，苏宁通过线上多平台、线下多场景业态互联网化、会员贯通的方式打造全新的智慧零售生态圈，实现真正的 O2O 模式。

苏宁一方面对线上场景进行多平台、多终端、多品类的精细化升级，另一方面将线下业态场景进行全链路的数字化改造，打造出业内领先的立体化零售生态。也正是这样的场景业态优势让苏宁有了全域的消费数据基础，为苏宁的大数据牵引零售落地奠定了基础，并快速地从 B2C 转向反向定制的 C2B（消费者到企业）模式，甚至开始深入制造端，大力推进 C2M（用户直连制造）建设。模式的更迭与多元化发展，为苏宁的快速崛起奠定了基础。

在提升物流服务效率方面，苏宁自主研发的供应链物流管理信息系统——乐高平台，集成了 WMS（仓储管理系统）、TMS（运输管理系统）、物流计费、交易查询、地址解析、时效路由、物流价格、数据、GIS（地理信息系统）等多种作业管理系统，协助客户进行全流程可视化管理和持续稳定的作业运行；天眼平台通过对物流各环节监控不断累积的实时作业数据进行筛选和结构化的处理，建立模型，分析有价值的信息，实现数据的增值，全程监控 22 个作业系统和 141 个作业场景，及时消除异常风险，从而保障顾客包裹从生成到最终交付到顾客手中的全程无忧；指南针系统基于平台无限拓展的弹性架构，集成语音拣选、自动称重、AGV 小车自动导向车等技术，同整合导入道口负载均衡算法、包裹流量等大数据应用，最终实现苏宁总部对分布在全国的自动化仓库、物流运作网络进行灵活调度。

苏宁的高新技术使其在物流与电商平台方面的建设都大有优势，有利于其开拓市场，为助力通州科技发展提供了强有力的技术支撑。

二、当前发展中的机遇与挑战

（一）苏宁入驻通州的发展机遇

第一，有利于企业之间的合作与协同。苏宁入驻通州，是因为通州作为北京城市副中心有政策层面的扶持。在此背景下，大批产业和资本聚集而来。据了解，比亚迪、南方航空等多家知名企业已经与通州区政府达成了入驻意向并签订了战略合作协议，这有利于企业之间相互协同，实现知识共享。

第二，有利于企业招揽人才。苏宁的智慧零售、科技创新等领域，能够吸引更多相关从业者来通州，推动当地相关产业的发展。反过来，这些知识工人的加入，能够带动更多知识密集型的劳动力产业进入通州，从而形成良性循环。相对便宜的地租房租，对于"新移民"来说，进入门槛更低，可以为通州吸引并留住高水平人才，有利于企业的发展壮大。

第三，政府鼓励企业发展。通州作为北京城市副中心，有利好的政策加持，会吸引大量企业入驻，推动通州经济发展。苏宁与通州区政府合作可确保其在通州的发展不会受到政治上的阻力，将会有良好的商业发展环境。

第四，潜在市场大。通州区以前发展缓慢，GDP 在北京各区趋近倒数，区内产业企业商业体都较少。被定位为北京城市副中心后，通州吸引了众多企业与商户，高校教育水平也在逐步提高，且吸引了其他高校来通州建立新校区，拉动了大学生消费人群。另外，通州大型商业广场较少，苏宁广场有机会发展成通州顶尖商业广场。

第五，物流发展便利。通州的地价较其他区相对便宜，对苏宁发展自己的物流业大有裨益，并且通州要打造三级物流节点和综合物流服务中心，对于零售企业来说十分便捷。

（二）苏宁入驻通州可能遇到的挑战

第一，通州高校较少，北京市大多顶尖高校位于海淀，而海淀有很多互联网大企业与顶尖企业，与苏宁在人才争取方面构成了竞争关系，采取何种政策吸引和激励优秀人才来通州发展有一定的挑战性。

第二，苏宁试图在通州进行大规模扩张，开设门店与广场，但新开张的门店能否盈利、广场能否招商成功需要管理人员谋划和思考。

第三，京东早已入驻通州，两者的市场较为重合，对苏宁在市场与人才方面无疑都构成了较大威胁。

三、未来的发展前景

随着现代互联网、大数据分析技术的普及与推广，传统的零售行业正在被重新定义。零售行业间的边界、特征、渠道都发生了翻天覆地的变化，多平台、多业态的零售模式正在取代传统的零售模式。苏宁所展现的新零售是持续推进线上线下渠道的深度融合，并以消费者需求为核心，依托大数据分析和物联网技术，对消费者偏好进行分析总结，再引导生产商生产制造，最终向消费者提供个性化服务，实现精准营销。

苏宁总部在南京，是江苏省的龙头企业。苏宁选择入驻通州，有向北扩张的意图，因为南京、北京是两个消费水平高、商业经济繁荣的城市，苏宁能在这两个城市站稳脚跟，对企业的发展十分重要。苏宁凭借强大的实体网络，进入 B2C 市场，实现多渠道发展，同时加大创新力度，开展智慧零售。近两年，苏宁一方面积极应对新冠疫情等复杂外部环境，推动整体经营稳健向好，核心零售能力进一步增强；另一方面主动承担服务中小零售商、实体制造业的重任，全面战略升级为"零售服务商"，助力行业转型升级。另外，苏宁聚焦全场景智慧零售生态圈的打造与互通，构筑线上线下融合的数字化服务网络，有效触达各场景用户，深耕行业发展，持续推进赋能开放与场景融合，聚焦供应链整合、用户体验提升、数字化驱动，加强智慧零售基础设施建设，推动产业升级。

苏宁在通州的业务不仅限于新零售，可以与其他企业进行多方面合作，发挥自己企业的实力，助力通州建设，打造苏宁产业圈。

四、相应的发展路径

第一，苏宁将加大在通州的智慧零售投资开发力度。未来三年，苏宁计划实现通州各类门店 342 家，包括苏宁广场 2 个、苏宁云店 20 家、苏宁小店 263 家、前置仓 26 个、零售云店 31 家，形成"两大两小多专"的合理布局。其中苏宁广场定位为"具有地区标杆性的数字化商业平台"，涵盖智慧零售、文娱、总部办公、高星级酒店等丰富业态，体量规模一般为 40 万 ~ 80 万平方米，在苏宁"两大两小多专"智慧零售生态体系中居首位。目前苏宁已在全国布局数十座苏宁广场。

第二，提升苏宁物流服务能力。为有力支撑用户的服务体验，扩大市场规模，苏宁将加大投入力度，按照智慧物流的高标准在通州建设新一代物流基地，提升物流仓配自动化水平，打造华北地区现代化智慧物流新标杆。

第三，除了相应的实体产业落户通州，苏宁将在适当的时候有序引入金融、科技、文创、体育等相关产业落地，为通州培育新的经济增长极。在科技创新方面进行重点打造，进一步加大研发投入力度，不断提高企业创新能力，并发挥自身优势积极吸引、带动更多相关产业落户通州，形成集聚效应。

五、总结

通州与雄安新区共同承担疏散北京中心城区功能，是国家规划，也是有利于京津冀发展的重大决策。之前入驻通州的企业和商业体较少，市场潜力大。如今，商业娱乐设施北京环球影城已经建成，吸引了国内外许多游客，交通、物流、城镇建设、国家网络安全产业园区等也按规划逐步推进，通州已成为各路企业与资本进驻的热土。在国家政策的扶持下，通州发展势不可当，这对于入驻通州的企业来说是难得的机会。苏宁自发布"北京攻略"以来，对北京市场的布局加速，如今及时抢滩通州要地，对于风头正劲的智慧零售而言，有着巨大的战略性意义。在扎根南京的基础上，苏宁又拿下"北京城市副中心"这一战略桥头堡，毫无疑问能够助力其实现大规模南北联动发展，推进智慧零售建设，进一步实现企业高质量发展。

基于方法论的角度分析北京环球影城

会计学　侯玉婷

主题公园起源于早期的游乐园，其前身最早可追溯到古希腊、古罗马，如射箭、狩猎、竞技等。一般认为，主题公园兴起于荷兰，发展于美国，世界上第一座大型主题公园建于美国加利福尼亚州。作为后现代最吸引游客的旅游目的地之一，主题公园正飞速地进行全球性扩张，逐步演变成集文化内涵、休闲娱乐、服务设施于一体的项目。

2001年，首次出现环球影城即将在中国落地的消息，但是受多方因素的制约，项目始终迟迟未能落实。直到2014年3月，环球影城项目所在地块在北京市土地整理储备中心的挂牌竞价，才使得这个项目重新回到大众视野。而该地块最终被北京首寰文化旅游投资有限公司（以下简称"首寰投资"）以19.3亿元摘得，由此环球影城项目进入实质性的建设阶段。

一、环球影城入驻通州的背景

人在认识客观世界、尊重客观规律的同时，总是根据一定的目的和要求去确定反映什么、不反映什么，以及怎样反映，从而表现出主体的选择性。马克思说，人在"劳动过程结束时得到的结果，在这个过程开始时就已经在劳动者的表象中存在着，即已经观念地存在着"。人的整个实践过程，就是围绕意识活动所构建的目标和蓝图来进行的，环球影城入驻通州的选择也不例外。

（一）主观因素

对于一座主题公园来说，选址面临的最关键的问题就是客流量和周边地区消费水平。一个地区如果消费能力不高，或是有非常知名的自然风光，那么势必会影响主题公园后期的市场和发展，而通州完全符合环球影城对客流量和消费水平的要求。

从客流量方面来看，我国已成为全球游客量最大的主题公园市场。《2019全球主题公园和博物馆报告》显示，在全球最大的主题公园迪士尼首次出现游客量大幅度下滑的现象时，中国本土主题公园进入飞速发展阶段，华强方特年利润增长率高达20%、客流量位于世界第五，欢乐谷超过环球影城位于世界第三。因此，可以说中国有着很大的客流量基数。此外，北京环球影城位于通州区梨园镇，是地铁八通线和7号线东延线的终点站。为保障北京环球影城周围道路的畅通，通州新增两座立交桥，一座位于京哈高速与九棵树中路交界点，另一座建在东六环路上，紧贴北京环球影城东墙。这无疑是保证环球影城客流量的又一重要性政策支持。

众所周知，整个中国北方只有一个一线城市——北京，而整个北京只有一个副中心——通州。通州被定位为北京城市副中心，是城市经济重心向东看后的必然结果。自从2016年通州被确定为北京城市副中心以后，通州走上了飞速发展之路，各种优质资源、政策倾斜数不胜数。按照通州区规划的"一城一带一轴多点"来看，一城，就是北京城市副中心155平方千米范围；一带，指的是以大运河为依托的文化发展带；一轴，指的是依托六环路建设功能融合活力地区。一带一轴，串联起行政办公、商务服务、文化旅游三大主体功能区，再加上以城市绿心为依托的市民中心，紧贴通州现有主城区，组成了一个弧长约15千米的"C"形包围圈。因此环球影城选址通州正是因为周边消费水平有着强有力的保障。

（二）客观因素

《2021中国主题公园竞争力评价报告》显示，截至2019年年底我国共建成339座主题公园，其中大型和特大型主题公园共有87家。中国主题公园呈现东多西少的空间布局，其中华东地区数量最多。从整体分布情况上看，主题公园大体分布均匀，全国范围内均有分布，企业有各自主要面对的市场群体，相互之间形成良好的竞争趋势。

在面对迪士尼、环球影城的强烈冲击和即将入驻中国市场的其他国际品牌的竞争压力下，中国本土主题公园相关品牌呈现快速的市场反应能力和强大的生机力，各大集团公司开发新运营模式的主题公园，北京环球影城应运而生。

环球影城在中国落户最早选择的是上海浦东新区，但最终被迪士尼项目取代。美国康卡斯特 NBC 环球公司（以下简称"美国环球公司"）随之把目光瞄向了北京，其高管汤姆·威廉姆斯曾坦言，为寻找合适的合作伙伴，花费了大量的时间，在项目落地之前，中国有多个城市都曾找到美国环球公司沟通合作可能，但均被拒绝。为了促成此次合作，美方也表现出十足的"诚意"。美国环球公司斥资 20 亿美元参与北京环球影城的开发，这种合作模式对美方来说"史无前例"。此外，首寰投资与美国环球公司将成立两个合资公司共同开发运营北京环球影城。一个负责公园主体投资与建设，中方占股70%，美方占股 30%；另一个负责管理运营，中方占股 30%，美方占股70%，这样的合作可以充分发挥中美双方各自在建设和运营中的优势，是环球影城顺利建成和运行的充分保障。

二、机遇和挑战

自 2021 年 9 月 20 日开业后，北京环球影城就成了国内主题乐园界的"顶流"。去哪儿数据显示，开业以来，北京环球影城带动北京地区的旅游搜索量位居全国第一，环球影城也成了节假日期间人们最想出游的娱乐景点之一。

从方法论的角度来看，矛盾具有普遍性，存在于事物之中，存在于事物发展过程始终，也就是说矛盾无处不在，无时不有。我们既要看到矛盾双方的对立（斗争性），又要看到矛盾双方的统一（同一性），北京环球影城的机遇和挑战在一定程度上是相互联系，相互转化的。我们在分析和解决矛盾时，必须从对立中把握统一，统一中把握对立，促进事物的转化，只要方法得当，机遇也可以转化为挑战。

（一）机遇

1. 强大的 IP

从中国本土主题公园来看，中国本土主题公园在 IP 的融合上略显匮乏，主要是因为 IP 形象过于低龄化，只能吸引儿童，很少有成人去观看。区别于迪士尼充斥卡通幻想的童话世界，环球影城的主题景区均来源于自有影视 IP 和经授权使用的影视 IP，像哈利·波特的魔法世界、小黄人乐园等，以打造电影真实场景体验类型为主的游乐场项目模式。这导致了两家主题公园在客户群体上的差别。且环球影城通过多达 40 余种特效技术、先进 VR 手段来加强视听等技术对娱乐项目的赋能，让客户享受沉浸式体验，逼真的刺激感增加了娱乐性。环球影城靠 IP 形象和"沉浸式体验"获得成功，更是将现代科技与文化进行了融合。主题公园的发展不仅是把 IP 形象包装在游乐设备上，更重要的是"沉浸式"氛围，优质的服务，舒适的环境，原生态的深度体验等一整套流程。环球影城的成功运营正是利用良好的 IP 形象、科技的高度融合、与当地企业的合作共赢、真实感的打造等，将产业迅速扩张到全球并保持持续向好的趋势。这更加启示中国本土主题公园对于 IP 形象的融合和打造富有体验感的娱乐项目的重要性。

2. 科技支持

在现有科技水平的强力支持下，北京环球影城内的每一个娱乐项目都融合了高科技。对于不太热门的项目，比如神偷奶爸小黄人闹翻天，同样也是利用 5D 技术让游客体验成为"小黄人"的乐趣。这些项目的成功在于以 IP 为支撑，将科技运用到游乐项目上。在定位 App 数字服务的移动端系统开发上，北京环球影城使每位游客在园区内的游玩更为便捷。游客可以从官方 App 或微信小程序上在线购票或预约，提前了解园区内的每一个项目；官方给出的等待时长可以在排队上缩减大量的时间，以减缓项目的客流压力；实时的精准定位，为游客提供了准确的地理位置信息。对于本土主题公园企业来说，北京环球影城对科技的成功运用是值得学习的典范，高科技和文化的相互融合是值得我们借鉴和思考的范本。根据前瞻产业研究院数据，目前主题公园主要吸引的是 17~36 岁的游客，这个年龄段的游客对新奇感的主题公园更加有兴趣。对于"95 后"来说，创新性是吸引他们的关键，而这需要的恰好是科技的支持。

（二）挑战

1. 员工素质参差不齐

从整体的规划布局来看，北京环球度假区是包括北京环球影城、环球城市大道以及环球度假酒店、诺金酒店在内的一个综合性区域，如此大面积的区域，提供了至少 10 万人的就业岗位。在对员工的招聘上，虽然北京环球影城会对所有员工进行统一管理，统一培训，但当企业面临人员紧缺时，会存在多种招聘手段并行的情况，由此可能导致服务标准不统一、服务质量不统一的情况出现。而对于游客体验来讲，企业自始至终保持在一个稳定的服务水平是非常关键的。在这方面，北京环球影城还需要制定更标准的规定，进行更加严格的培训。

2. 本土化创新

引进环球影城项目是我们对国外先进盈利项目的借鉴，我们在开发建设北京环球影城中采用了大量的西方 IP，这导致在一定程度上北京环球影城没有自己的创新点和记忆点。其实中国历史悠久，文化源远流长，有很多本土 IP，比如孙悟空、二郎神、哪吒等，这些 IP 如果能够得到充分利用，会成为北京环球影城的"金名片"。

三、北京环球影城未来前景

一方面，作为北京城市副中心的通州终于迎来了"爆款"，北京环球影城在就业、地产、消费等方面为通州带来突破，同时对京津冀以至对北方地区的消费产生带动作用，最直接带动的就是周边以住宿餐饮、商贸为核心的服务业。从中远期来看，北京环球影城对区域经济的带动作用还体现在数字创意、科技研发等领域，通州或许能通过引进资本，重点发展高端创意创新、动漫设计产业，构建出一个"文化科技融合"产业集群。

另一方面，北京环球影城可以通过串联通州及其周边地区的核心景点，发挥集聚效应，共同展现城市文化。从经济和人口来看，作为具备先天优势的大城市，北京的旅游特色主要依靠长期保留下来的历史文化痕迹，在高水平、精细化的景区建设方面还相对欠缺，北京环球影城的开园明显辐射了整个北京的文化消费与经济发展。

四、环球影城发展路径

一切事物的运动趋势都是发展的，发展是前进上升的运动，实际上是新事物的产生和旧事物的消亡。如何在当前的文化中得到发展，就新旧事物的关系而言，新事物有新的结构和功能，它适应已经变化了的环境和条件，而旧事物的各种要素和功能已不适应环境和客观条件的变化。因此要充分发挥主观能动性，从旧事物中孕育新事物。

（一）主题选择：依托本土，文化融合

新事物是在旧事物的"母体"中孕育成熟的，既否定了旧事物中消极腐朽的东西，又保留了旧事物中合理的、仍然适合新的条件的因素，并添加了旧事物所不能容纳的新内容。成功的主题公园往往选择人们十分熟悉、亲切的主题形象，如迪士尼乐园使用米老鼠和唐老鸭这些家喻户晓的卡通人物作为主题形象；芬兰建立了以"圣诞老人"为主题的公园；英国图索蜡像馆不但有古人、伟人，还有许多十分熟悉的平民，甚至当代总统等明星人物，其姿态生动活泼，很能吸引游客。主题公园虽以娱乐为主，但有的国家把教育内容有机地融入游乐活动中，而且这种结合非常巧妙、自然，毫不生硬。如日本东海大学的人体博物馆，其建筑结构就像一个"人体"，游客从大大张开的人嘴进去，经过舌头、气管进入各个内脏，在这个"人体"旅游的过程中，可以学到科学道理和科普知识。它不仅受到孩子的欢迎，也吸引了成年人的光顾。

从这一点来看，北京环球影城虽然有哈利·波特、变形金刚等国外知名主题形象，但尚未形成中国自己独特的风格，这也是它亟待完善的地方，依

托中国本土文化，一定可以创造出独属于北京环球影城的主题形象。

（二）提高参与，融合科技

新事物是社会上先进的、富有创造力的人们所进行创造性活动的产物。如今，主题公园比较注重与游客互动，让游客亲身体验娱乐项目。例如多次与游客互动上热搜的"擎天柱"和"哈利·波特"，充分体现了参与性和动态性是主题公园的两大特点。在迪士尼乐园，游人可以与米老鼠聊天，参观它的住处。一些博物馆也不再拘泥于橱窗陈列展品的参观模式，通过举办各种展示活动吸引游客主动参与进来。除此之外，主题公园内容的常变常新，也是主题公园保持长久吸引力的生命线。奥兰多的迪士尼乐园在1971年建成，10年中又相继在其中建成了未来世界、环球影城、海洋世界等项目，成为多个主题公园聚合的综合游乐度假区，有人称它为"永远建不完的迪士尼"。伦敦图索蜡像馆的人物造像根据时势不断变化，不断有新"明星"产生。常变常新的内容成为主题公园吸引回头客的重要因素。另外，应用电子高科技是近年主题公园发展的普遍趋势。虚拟现实（VR）技术在欧美地区产生了重大影响，它是一种电子仿真技术。通过音像设备（顾客戴耳机，穿特制的服装，坐在视屏前的机动椅上），机动椅的运动及其他传感技术，模仿人们深海探险、丛林狩猎、都市观光的经历。许多人认为这种技术将对旅游业产生革命性影响。法国普瓦蒂埃的"看未来"游乐园、加拿大的"文明博物馆"都采用了电子仿真技术，模仿大自然的各种现象，如狂风、暴雨、波涛、云雾、飞禽走兽等。没有游客参与的主题公园是没有生命的，主题公园的娱乐活动由原来的被动参观转为游客主动参与。北京环球影城引进儿童、成人都能参与的娱乐设施与活动，如过山车、海盗船、水滑梯、拖曳跳伞、摩托艇等，实现亲子同乐，大大增加了重游率。

（三）经营方式：多元渠道

现在很多主题公园重游率低主要是因为经营方式过于单一。大型主题公园投资较大，不能单纯依靠门票收入收回成本，还要依靠为客人提供多种多样的服务设施和项目来增加收入。据统计，美国迪士尼乐园的收入有 1/3 来自游客购物和非游乐项目；英国主题公园的收入有 40% 来自餐饮、纪念品销售和其他项目。就门票来说，许多主题公园往往采用多种票价制，如成人票、儿童票、老人票、残疾人票，还有月票、年票、节假日票等票价，满足了各层次消费者的需求，同时提高了游客的重游率，保证了每日的基本游客量，从而获得了良好的投资回报。北京环球影城可以借鉴现有成功模式，在充分调研本土情况的基础上，创造出真正适合自己的经营模式。

主题公园的营销渠道由单一的直接营销向多极多层和联合化的营销渠道发展。具体表现为：旅行社、主题公园所属的旅游集团，以及银行、超市、航空公司等企业介入主题公园产品的销售过程。与大众传媒长期合作，建立起良好的公共关系，吸引公众关注，制造轰动效应，这种促销方式惠而不贵，已为许多主题公园所采用。网络促销更是当前炙手可热的促销方式。从这一点来看，北京环球影城一直保持着良好的发展态势，从开园之后频频上热搜就可见一斑。

总之，北京环球影城的选址经过了多方面的考虑，事实证明，这个选择是正确的。自通州被确认为北京城市副中心之后，通州就迎来了飞速发展，依托腾飞中的通州，北京环球影城理所当然迎来了全新的发展机遇，为通州的发展注入了新的活力，为通州经济和文化的繁荣提供了新的增长极。虽然以发展的眼光来看，北京环球影城未来的发展会遇到很多的挑战，但是根据对立统一的规律来看，挑战中蕴含着机遇，只要充分发挥主观能动性，在吸取成功主题公园经验的基础上融合中国本土文化，挑战也可以转化为机遇。

北京市通州区物流体系建设研究

法律经济学　宋欣宇

一、内部动因分析

"十三五"时期是北京深入落实首都城市战略定位，全力推动京津冀协同发展，加快建设国际一流和谐宜居之都的重要时期。北京市的商业、服务业按照创新、协调、绿色、开放、共享的发展理念，坚持稳中求进的工作总基调，深化供给侧结构性改革，持续扩大消费规模，稳步提高居民生活性服务业品质，推进京津冀协同发展，积极优化营商环境和市场秩序，努力建设首都特色、国际一流的高品质商业服务体系，满足市民多样化、个性化消费需求。而基于当前时代的发展建设，这样的目标的实现是无法离开现代的物流体系配套设施建设的。因此，从北京自身发展背景来看，北京市通州区商务局提出构建"三级＋一网＋应急"物流体系主要基于以下几点。

（一）京津冀协同发展的需要

"十三五"时期，京津冀商务部门建立商务领域协同发展工作机制，三地联动推进市场和物流功能的疏解与承接，推动完成区域性专业批发市场功能疏解任务，共同发布《环首都1小时鲜活农产品流通圈规划》，加强农产品产销对接，联合开展首都冬季蔬菜保供联合行动，增加蔬菜等生活必需品供应，提升了首都市场供应保障能力。在中国国际服务贸易交易会中联合设置"京津冀展区"，为三地企业携手走出去搭建平台。加强京津冀口岸合作，实施144小时过境免签政策，促进区域在商务合作及入境旅游消费等方面协同联动。这一系列的经济目标的实现都需要配套的物流体系建设，而通州作为北京城市副中心的战略地位也需要相应的物流支持。因此，北京市通州区商务局提出建设物流体系所要实现的区域性目标，与京津冀发展总体目标相契合。

（二）北京市新业态、新模式发展的需要

北京市提出各区要深入推进实施"互联网＋流通"行动，促进直播带货、跨境电商、社群营销、云逛街、移动菜篮子等消费新模式快速发展。对于传统大型商贸流通企业，其应积极拓展线上零售、跨界零售、数字门店等新业态布局，从而助力北京市商业贸易发展，而这样的新业态所配套的最重要的基础设施当属物流体系，多层次完善的物流体系可以实现传统商业不能实现的倍数级的经济价值。因此，北京市通州区物流体系建设既有利于促进通州区新的商贸布局铺设，也是对北京市总体商业发展方向的积极响应。

（三）疫情期间的特殊需要

新冠疫情发生以来，在北京市委、市政府坚强领导和北京防控工作领导小组物资保障组统筹指挥下，各级商务部门组织商业企业，多措并举，全力做好北京市防疫物资供应保障、生活必需品保供稳价等工作，市场保障能力很大程度上经受住了疫情考验。在这个过程中我们发现，加强民用防疫物资筹措，要立足国内货源，发挥大型商企、跨境电商平台、外贸企业作用，同时积极拓展海外货源渠道，增加口罩、消毒液市场供应，才能在面对诸如疫情此类的紧急事件时为恢复原本的物资生产能力争取更多的时间。

因此，在面对疫情时，要做好生活必需品保供稳价工作，组织批发市场、菜市场、超市、电商等企业加大蔬菜等生活必需品供应量。同时打通"货源地、主要批发市场、农贸市场、社区菜店"四个重要环节，紧抓"货源、配送、仓储、人员、信息、政策"六大要素，确保关键时刻调得出、用得上。而其中的配送与仓储正是物流的关键所在。因此，随着疫情的发生，北京市各区都更加注重各自的物流建设，通州区物流体系的构建除经济需求的驱动外，疫情也是重要动因之一。

二、外部背景分析

通州区提出建设物流体系既是积极响应北京市进一步完善自身商贸物流体系的要求的重要举措，也是主动适应国际大都市发展变化构建多层次发展体系的必然要求。

（一）国内背景

"十三五"时期，北京商业服务业在取得长足进步的同时也为物流业的发展创造了巨大的市场需求。目前国内消费市场总体上具备较强的增长能力，这也为国内的物流建设提供了极大的发展动力。因此，从物流业发展的驱动力来看，我国消费市场主要呈现以下特点。一是居民消费能力不断提升。2020年北京市居民人均可支配收入为69434元，比2019年增长2.5%，排除价格因素后，实际增长0.8%。"十三五"期间本市居民人均可支配收入年均增速为7.4%，全市中等收入群体占比超五成。二是消费观念逐步改变。居民消费需求从"基本物质文化消费需要"向"美好生活消费需要"转变，从"模仿排浪式消费"向"个性化、多样化"转变，对高品质、智能化、绿色化的商品消费需求和发展型、享受型的服务消费需求不断增加。三是服务性消费占比明显提升。从消费结构看，近几年居民人均服务性消费支出增速快于商品性消费支出增速，从实物消费向服务消费、从大众化消费到个性化消费的转变趋势较为明显，消费结构不断优化升级。

从国内物流建设本身的建设现状来看，无论是通州区还是整个北京市的物流体系建设仍存在较大的提升空间。一是当前物流的空间环境缺乏统一规划，土地利用率低。批发端信息化水平较为落后，经营秩序和卫生环境亟待整治，缺乏详尽的电子统计和追溯系统，尤其是农产品的流通环节难以有效监管，农产品质量难以追溯。冷链物流中的流通水平不高，与欧美发达国家95%的生鲜产品冷链流通率相比，还有较大差距。二是商贸物流基础设施网络不完善。随着区域性物流设施、大宗商品仓储物流功能逐步外迁，存在物流设施空间被压缩、物流配送半径拉大等问题。虽然目前规划部门已制定出台《北京物流专项规划》，但相关区按规划要求对各级物流节点进行选址和项目落地仍需时日，规范化商贸物流设施供给不足等问题仍将在一段时间内存在。

（二）国际背景

当今世界正经历百年未有之大变局，但和平与发展仍然是时代主题，经济全球化仍是历史潮流。随着新一轮科技革命和产业革命的深入发展，国际力量对比深刻调整，错综复杂的国际环境给经济发展带来新矛盾新挑战，经济发展外部环境的不稳定性不确定性增加。同时，新冠疫情影响广泛深远，国际市场需求疲软，跨境贸易投资增长乏力，经济全球化遭遇逆流，单边主义、保护主义加剧，世界经济可能持续低迷。这一系列的国际背景都会对包括物流行业在内的各行各业产生巨大影响。

物流市场近年来已经成为全球投资者以及各国政府关注的焦点。通州区物流体系建设，不同于传统产业发展需要的传统资产，物流行业会产生独特的物流资产，具备较高的资本化率，同时伴随着全球电商渗透率逐步上涨，仓储业的未来发展还是十分可期的。从物流设施建设来看，中国目前约有8000万平方米的甲级物流设施，人均拥有0.06平方米，而日本人均拥有甲级物流设施0.2平方米，美国0.8平方米，澳大利亚1.3平方米。由此国际背景推算，中国未来具有较为广阔的增容空间。

近年来国内外数字科技的广泛发展，为我国物流服务建设提供了技术保障。以北京为例，北京作为我国政治经济中心，在物流建设中充分利用了自身所具有的丰富科技资源优势，从而加快了建设具有全球影响力的科技创新中心的步伐。为充分发挥数字产业化和产业数字化优势，加快数字技术与经济社会深度融合，北京市信息和信息化局发布了《北京市促进数字经济创新发展行动纲要（2020—2022年）》，旨在促进5G、工业互联网、人工智能、大数据等技术融合应用，探索智慧交通、智慧社区、智慧物流、智慧零售等智慧城市应用场景。因此，数字经济将为推动商业服务业，甚至物流行业中十分具有发展前景的智慧物流的高质量发展提供强有力支撑。

三、机遇与挑战

北京作为一个超级消费市场，本身的城市体量非常大、消费力足，在物流流转环节还兼顾了集散中心的功能。北京目前约有 90% 的物流仓储项目位于顺义、通州和大兴。因此，北京市通州区商务局提出的物流体系建设不仅能促进区域性物流中心的疏解，也体现了区域优化布局。当然，当前和今后一个时期，由于面对的发展环境更趋复杂，物流体系建设自然困难叠加，挑战增多，但是仍存在较好的发展机遇。

（一）发展的机遇

1. "两区"建设带来的政策红利

2020 年，国务院发布《深化北京市新一轮服务业扩大开放综合试点建设国家服务业扩大开放综合示范区的工作方案》《中国（北京）自由贸易试验区总体方案》，"两区"建设为深化商务领域改革开放，提升国际资源要素配置能力，促进投资贸易自由化、便利化，助推构建新发展格局提供了政策保障。由此可见，国家会大力支持以物流为代表的基础设施建设。根据当前时代的发展现状来看，只有助力物流建设才能实现数字时代传统商业转变下高效物流带来的经济价值最大化。

2. 国家坚持国内国际双循环发展格局

以建设国际消费中心城市为目标，充分发挥"两区"建设政策叠加优势，进一步优化消费结构，激发消费内需潜力，形成需求牵引供给，供给创造需求的更高水平内循环。坚持高水平对外开放，吸引国际要素资源聚集，促进境外消费回流，提升北京城市消费品牌在国际上的影响力，增强消费对经济发展的基础性作用。国内消费回升为物流行业带来巨大需求空间，国内国际双循环对我国物流建设极为有利。

3. 京津冀协同发展带来的机会

按照京津冀协同发展战略要求，强调物流建设中要进一步开放视野、合作发展，在三地协同发展的框架下发挥自身优势，优化资源配置；北京要主动对接天津、河北消费市场，加强功能互补和产业协作，推动区域商业服务业协同发展，为物流建设创造需求与条件。为了更好地把握京津冀协同发展为物流建设带来的机会，可以从以下几点入手。

（1）加强京津冀农产品合作。鼓励京津冀三地企业共建、共享农产品生产基地和冷链物流设施，加快以北京为核心的农产品流通运输通道建设。依托生活必需品政府储备、企业应急储备、环首都农产品流通圈、集散中心和主要生产基地，联动增加农产品供给。支持北京市企业在外埠特别是对口支援地区建设农产品种植、养殖和生产加工基地，支持天津、河北农产品生产和流通企业在北京开设直营店，提高北京蔬菜供应保障能力。这正好契合了北京通州区商务局提出的构建通州区物流体系的目标之一——保障农产品物流运输的要求。

（2）推动区域物流一体化发展。支持平谷国际陆港与天津港开展深度合作，用好天津港口资源，充分发挥马坊物流基地口岸、保税和城市保障功能，不断完善海铁联运新模式，探索港口服务内陆、内陆与港口融合发展的新途径。推进"京津冀通关便利化"区块链场景应用，促进京津冀三地海关通关、口岸物流数据"上链"共享。利用区块链技术，实现通关、物流等时效查询，优化物流业的作业流程，提高运作效率。

（3）推动形成统一的消费市场。坚持统筹兼顾、优势互补的原则，根据不同区位条件和资源禀赋，促进京津冀养老、健康、体育、旅游等服务业的融合、协调发展。建立健全京津冀旅游市场秩序治理体系，充分发挥"144小时过境免签"政策效能。鼓励组建跨区域的商业联盟，加强资源整合和相互协作，制定符合市场和创新需求的服务标准。推进京津冀市场主体信用信息平台建设，推动实现"一个标准、一次检验、结果互认"，对严重质量违法失信行为实施联合惩戒，形成"一处失信，处处受制"的信用监管区域联动机制。通过一系列的行业重组以及机制建设实现消费市场的统一，进而为物流建设提供驱动力。

4. 北京市优化重点设施空间布局

北京市提出优化重点设施空间布局，无论是通州区还是其他各区都应抓住机遇，推动本区物流建设。

（1）完善提升商贸物流设施，优化商贸物流设施总体布局。围绕保障城市基本运转、服务居民日常生活，着力打造"大型综合物流园区（物流基地）＋物流（配送）中心＋末端网点"的扁平化商贸物流节点网络。在完善原有四大物流基地功能的基础上，新增西北（昌平南口）、西南（房山窦店）两个物流基地。结合人口分布特征、商业组织布局等，通过已有物流设施的资源整合和合理的设施新建，形成覆盖北京各主要物流方向、功能完善、分布合理的商贸物流节点网络。

（2）加强冷链基础设施建设和改造提升。推动冷链物流设施、装备与技术改造升级，支持建设具有集中采购和配送能力的冷链物流中心。加强农产品冷链物流配送网络建设，完善连锁企业生鲜配送中心和大型农产品批发市场的冷链配套设施，构建城市末端冷链配送设施网络，鼓励利用连锁超市门店、便利店、社区菜店资源，通过安装冷藏柜、冷藏箱、冷藏自提柜等设施，提供"最后一公里"末端冷链配送服务。

5. 数字化发展助力物流建设

（1）培育数字消费新模式。加快培育发展智慧流通服务平台、新零售门店、智能消费体验中心等新技术新模式新业态，挖掘网络消费新增量。支持传统批发企业线上交易平台建设，应用大数据技术增强线上供需信息匹配、线下商品集散配送能力，实现在线交易、精准营销。鼓励大宗商品交易平台应用数字新技术创新商业模式，拓展服务功能，提高精细化、专业化发展水平。

（2）统筹推进电商综合试验区协调发展。积极发挥政策支持引导作用，促进跨境电商创新发展。鼓励跨境电商保税仓、体验店等建设发展，加快推进跨境电商进口医药产品试点、"网购保税＋线下自提"、B2B 出口试点等新模式新业态，带动完善跨境电商产业链和生态链。加快建设完善综合试验区线上综合服务平台，不断完善跨境电商服务体系。

（3）提升农产品流通数字化水平。北京市通州区商务局发布"十四五"规划（《北京城市副中心（通州区）"十四五"时期服务业扩大开放和商务服务业发展规划》），提出构建三级商业网点体系，打造智慧高效的现代物流体系，创新便民商业服务体系。推动传统商圈"一店一策"升级改造和"智慧商店""智慧街区""智慧商圈"建设；存量提升、增量拓展，优化商业网点和设施空间布局，加快建设布局合理、层次分明、保障有力、功能健全的"区域级商业中心—地区级商业中心—社区级商业中心"三级商业网点体系；在承续全市节点体系基础上，构建地下和地上互为补充、集约高效的"三级＋一网＋应急"物流体系，大力发展新技术、新业态、新模式，优化物流供应链，加强应急物资保障能力。因此，运用大数据和云平台等技术，建设"首都重要农产品流通公共信息平台"，可以有效连接产地供给、物流配送、加工集散、市内需求等环节，通过数据链赋能省际农产品流通体系各方主体，实现以需定产，逐步提高对农产品生产端的影响力。提高农产品供应环节信息化水平，以一级农产品批发市场为重点，建立覆盖全场的数字化交易体系、产品溯源体系和质量测控体系。鼓励农产品生产、进出口、检验检疫、加工、仓储、运输等环节提升信息化水平。支持本市农产品种植养殖企业利用信息化手段、数据化管控模式参与农产品流通全过程。探索"产地直供"和"城市分选中心＋社区前置仓"等农产品流通新模式，为消费者提供快捷、安心和优质的果蔬生鲜商品服务。

（二）面对的挑战

1. 面临经济发展新常态对北京物流建设的挑战

商贸物流业与经济增长、第一产业、第二产业以及新兴产业的发展是相互促进、相互融合的，但是当前受到新冠疫情影响，无论是国内还是国际都处于经济增长换挡期、结构调整的阵痛期、刺激政策的消化期。在这种宏观经济形势下，物流业的需求量虽然理论上较为理想，但是目前受外界因素的影响，市场增长潜力还是有限的。特别是北京，正处于非首都功能疏散期，经济转型压力较大，同时还要面对化解过剩产能的迫切要求，因此，这在一定程度上对北京的物流建设产生了较大影响。

2. 北京自身具备的区位优势和交通优势等转化为物流建设发展优势的挑战

目前北京正处于大规模疏解区域性物流基地和区域性物流批发市场阶段，

很大程度上会对物流建设产生影响。当前北京市商贸物流发展方式较为粗放，结构仍以传统物流为主，在智能化物流建设背景下，北京的传统优势并不能得到充分发挥。因此，北京自身具备的优势如何转化为物流建设发展优势是亟待解决的难题。

3. 面临环境与资源双重压力的挑战

一方面，北京市正处于商贸物流转移阶段，包括人力、物力等一系列调整会对城市环境造成较大压力。另一方面，物流产业属于高能耗产业，即使提升物流建设的数字化水平也很难突破环境与资源双重压力。

四、发展前景与展望

高德纳指出未来的八大战略技术是实现供应链数字化转型的关键因素，它们或许颠覆或许变革现有的物流运营模式。从发展的眼光看，北京市整体的供应链建设需要积极顺应国内外经济的深刻变化，加快供应链数字化升级。如5G支持数据的高传输、提高供应链运作效率、人工智能等可实现的复杂数据处理的智能化物流场景应用，实现物流体系建设各个环节的可视化与高度协同化。因此，对北京市通州区物流建设的发展前景，笔者提出以下三条建议。

（一）增加其他物流服务园区的辐射与带动作用，实现城市内区域高度协同

从发展格局来看，北京现代物流服务基本形成了较为明晰的服务园区划分，同时也存在众多规范化的中小型仓库。虽然中小型仓库在北京现代物流中仍然发挥着重要的支撑作用，但是随着北京市疏散非首都功能的进一步推进，中小型仓库的作用会被逐渐弱化。因此，通州区物流体系建设需要更多地依托其他区的发展优势，同时需要充分发挥其他较为成熟的区域物流体系的辐射作用，有利于进一步推动通州区的物流建设。

（二）提升物流建设数字化水平

受益于电商的高速发展，国内物流领域自动化在电商物流场景中快速发

展，并逐步向多行业、供应链端到端延伸，包括场景驱动、物流数字化平台图谱等。因此，当前通州区三级物流节点建设不能完全局限于传统物流建设，应积极推进物流建设中数字科技的应用。一方面有利于为当地居民提供更为快捷高效的物流服务，另一方面也可以起到领航作用，为北京市其他区乃至整个北京市物流体系建设提供借鉴。

（三）提高服务的实效和质量

北京市通州区商务局提出的物流体系建设最初立足于满足百姓需求，因此在建设过程中需要进一步明确物流的需求，有针对性地提高服务质量。如提高物流服务过程中的货物收取、仓储、运输、派送等流程的服务质量，缩短物流服务过程中的时效，使物流建设真正服务于百姓的生活。

从北京市京师律师事务所的入驻管窥
北京城市副中心建设

法律经济学　薄　敏

一、引言

城市副中心是城市核心中央商务区（CBD）以外、城市经济流的高效聚集区，是城市中新兴第三产业的集中分布区，是城市空间结构分散化过程中核心 CBD 的外延部分，具有疏解或补充核心 CBD 的功能，并与之共同构成城市 CBD 网络系统。

2016 年 5 月 27 日，中共中央政治局会议首次将北京城市副中心建设作为会议主题。会上，党中央作出重大决策部署，在通州规划建设北京城市副中心，作为千年大计、国家大事，它将与雄安新区一起，成为首都腾飞的两翼。会议上明确提出了要高水平建设北京城市副中心，示范带动非首都功能疏解，其城市和功能定位对副中心的建设与发展提出新的要求。至此作为北京城市副中心的通州，便开始了各方面的建设，社会各界人士也积极为城市副中心建设贡献力量。2019 年 1 月 11 日，北京市委、市政府、市人大、市政协正式入驻通州。从此，北京城市副中心揭开了蓬勃发展的新篇章。

2021 年 3 月 1 日，副中心管委会和通州区政府联合印发了《北京城市副中心（通州区）国民经济和社会发展第十四个五年规划和二〇三五年远景目标纲要》，贯彻习近平总书记关于城市副中心发展的重要指示精神，落实京津冀协同发展战略，实施城市副中心控制性详细规划，坚持高质量发展。北京城市副中心建设再次被推入高层次发展阶段，各行各业不断涌入通州，致力推动北京城市副中心建设。

北京市京师律师事务所（以下简称"京师律所"），是一家特殊的合伙律师事务所，严格恪守"党建为魂，律师为本，规模为基，专业为王，品牌为力，国际为向，执业为民"的发展理念。京师律所紧跟国家战略和倡议，积极拓展全球法律服务网站，其分所遍布国内外各大城市。其业务领域涵盖刑事法律事务、行政法律事务、婚姻家事、劳动与社会保障法、房地产与建设工程、资本市场、金融业务、涉外法律事务、破产重整业务、公司法律事务、知识产权、公益法律服务、特色法律服务共 13 个专业方向，涉及 20 余个不同的行业，并创造性推出 240 余项法律服务产品。

2021 年 9 月，京师律所紧跟北京市政府步伐，在北京设立了第一家同城分所——北京京师（通州）律师事务所（以下简称"京师通州律所"），京师通州律所是京师律所总部在国内设立的第 51 家分所。京师通州律所的设立符合北京市委、市政府提出的"聚焦通州战略，打造功能完备的城市副中心"的战略要求，是对城市副中心发展大局的积极融入。北京城市副中心的高质量发展势必与项目引进、环境保护、社区和谐等经济社会发展的诸多方面紧密相连，要有序解决好这些问题，关键点是规则和法治，所以律师在这一过程中的作用势必得到凸显。京师律所的入驻，为北京城市副中心的建设注入了强大的支撑力量。

学术界对北京城市副中心的研究多基于交通建设、绿色发展、城市规划等方面，涉及法律行业的文献较少。本文基于此背景，利用文献研究法，结合相关政府政策、相关资料探析京师律所入驻通州的动因，以及在助推北京城市副中心建设过程中所遇到的机会与挑战，并结合实际情况对其未来发展路径提出一些建议。

二、动因

在中国共产党成立 100 周年这个伟大时刻，京师律所抓住了这一宝贵的历史契机，主动融入北京城市副中心建设大局，不仅能够实现自身的发展壮大，也能为北京城市副中心法治事业的发展贡献自己的一分力量。

作为中国律师行业的"领头羊",京师律所积极响应国家号召,投入国家事业。在此发展过程中,不仅可以凭借自身优势,完善通州区的法律服务体系,还可以与实力雄厚的专家组团队,提升自身的专业化建设水平,提高律所各律师的专业素养,同时还可以享受各项优惠政策,实现"双赢"。作为北京城市副中心的通州,不仅有很多利好政策,还会吸引更多的人才,这为京师律所带来了更多优质的法律人才,有助于其自身的发展。

在党中央和北京市政府的决策支持下,北京城市副中心的发展才得以达到现在的水平,吸引了各行各业的积极涌入。相较于其他区的律师事务所,通州原有的律师事务所较少,从业人员涉及面较窄,原有的律师行业承载力与北京城市副中心发展的形势和任务不匹配。如今在通州,律师行业有较好的发展前景,因此陆续有律师事务所入驻通州。近两年,除了京师律所外,还有北京雷石律师事务所、鑫诺律师事务所等全国知名律师事务所纷纷在北京城市副中心设立分所,行业内知名律师也被吸引至通州。结合通州当前律师行业的现状,该行业还未得到充分的发展,具有较大的上升空间,律师队伍是法治建设、法律服务的主力军,对推动北京城市副中心建设高质量发展有着重要的作用。

我国对城市副中心的研究起步较晚,有的是对我国北京、上海和广州等大城市的副中心的研究,有的是对国外城市副中心的研究与借鉴。北京城市副中心并不是全国唯一的城市副中心,其他大城市同样存在城市副中心,如上海、广州、兰州等。在这个背景下,京师律所入驻通州,不仅是为北京城市副中心的发展注入了鲜活力量,也将其自身的发展推向更高的平台。事实上,京师律所早在2019年便入驻了上海城市副中心,在上海这个法律服务行业高度发达的地方,作为后起之秀,京师律所在创新发展的模式下,为上海城市副中心的发展做出了重大贡献。

国外对城市副中心的研究相对我国而言更早一些,如东京都会区、巴黎都会区等世界级全球城市区域,在城市副中心建设方面取得了瞩目的成就,也吸引了国内学者的借鉴与学习。如张开琳分析了城市副中心的内涵与形成机制,认为城市副中心是位于城市边缘区的次级商业商务中心,是城市第三产业的集中分布区，并对巴黎、东京等城市副中心建设的主要经验进行了研究。赵弘认为北京应借鉴国际大都市发展经验，启动建设京西副中心、通州—亦庄副中心和顺义副中心，打造分散疏解中心区功能的重要空间载体，以解决北京城市发展中的空间结构矛盾，并提出将通州副中心作为建设北京城市副中心的起点。无论是国内还是国外，能够在城市副中心建设这个大浪潮中抓住机遇，对京师律所有重大意义，面对多样化发展，京师律所能够脱颖而出，势必能在律师行业走得更长远。京师律所在美国纽约、英国伦敦、俄罗斯莫斯科等国外城市也设有海外办公室，只有紧跟时代步伐，将发展的目光放得更长远，才能够获得更持久的发展。

三、机遇与挑战

（一）机遇

京师通州律所通过吸收懂企业合规管理的律师和专家，如中国国际贸易促进委员会全国企业合规委员会专家王军民等专家的加盟，形成了服务于企业合规化建设的专业律师团队，从此拥有与更多优秀的人才互通信息、共同合作的机会，不仅有助于北京城市副中心的建设，更有助于企业自身的发展。

在"十四五"开局之年，北京市通州区司法局党组对律师行业党建工作进行调研，旨在有效发挥律师行业党建引领优势，助力北京城市副中心建设高质量发展。北京市通州区司法局党组始终秉承"党建促队建、队建促所建"的工作原则，坚持"党建＋规范""党建＋服务""党建＋业务""党建＋监督"模式，打造了一支听党指挥、能打胜仗的优质律师队伍。京师通州律所恪守"党建为魂，律师为本，规模为基，专业为王，品牌为力，国际为向，执业为民"的发展理念，将党建放在第一位，完全契合北京城市副中心建设的发展要求。

推行党组织班子成员和律师事务所党员管理层人员双向进入、交叉任职制度，积极引导政治素养高、专业能力强的党员律师、律所管理者通过担任政府法律顾问、参与信访接待等方式，为政府和职能部门处理重大涉法事项建言献策。同时，京师通州律所也可借力"虹吸"效应，让人才资源更加富集。在"两区"建设背景下，借助北京市通州区司法局服务"两区"建设法律服务小组，将"高精尖缺"法律人才的引进和培养作为首要任务，抓紧抓实。由此可见，拓宽京师通州律所引进人才渠道，有助于京师律所做大做强、做精做专，进一步提升全国影响力。

在京师律所入驻通州之前，通州区律师事务所办理的案件多为民事案件，即民事诉讼业务占比较高，非诉讼法律服务占比较低。从北京城市副中心着力将自身建设成为国际一流的和谐宜居之都示范区、新型城镇化示范区、京津冀区域协同发展示范区的规划目标看，涉外法律服务市场前景可观。京师律所业务涵盖 13 个领域，涉及 20 余个不同的行业，相较于通州区其他律师事务所而言，其专业性更强，有更多的涉外法律服务经验及发展空间。

（二）挑战

在这样的大背景下，我国相继实施了一系列新法律法规，如《中华人民共和国民法典》《中华人民共和国数据安全法》《中华人民共和国个人信息保护法》《中华人民共和国证券法》等法律法规的修订，不仅是法律行业的成绩，也是法律行业面临的困难和挑战之一。法律工作者每天工作的同时，也需要不断地更新自己的专业知识库。在北京城市副中心建设中遇到的比较棘手的问题或法律案件，需要法律工作者以及专家们共同解决。北京城市副中心建设的特殊性与重要性，要求法律工作者拥有更强的专业知识，以便高效地解决北京城市副中心建设过程中已经出现或可能出现的法律问题。

企业家精神首要是爱国和社会责任，而诚信守法是基础，是底线，在守住底线、合法合规、依法依规基础上进行创新，才能使企业走得更远。在北京城市副中心建设中，陆陆续续有很多不同的行业加入，京师通州律所不仅要引领各行各业把握和遵守国内的法律法规，还要引领各行各业把握和遵守国际规则。在此基础上，企业才能在更高水平的对外开放中实现更好的发展，打开国内国际双赢局面。企业的合规发展，不仅需要企业自身的努力，也需要法律行业的支持与帮助，京师通州律所将会面对各行各业存在的各种法律问题，对其而言也是一大挑战。

城市系统在选择优先发展目标时，质量、速度、规模、效益等会成为重要选项。而做出不同的选择，则意味着一些选项被优先考量，另一些选项如果与优先选项产生冲突，将会被舍弃。长期以来，通州区与北京其他郊区一样，奉行追赶式发展模式，对发展的速度尤其是地区 GDP 的增长看得较重。随着北京市一系列新的发展指导思想和战略的提出，通州开始转变思路，追求高质量发展。京师通州律所不仅要关注自身的经济效益，也要关注整个通州区的经济效益。由此，京师通州律所如何在考虑自身经济效益增长的情况下推动通州区经济效益的增长，这成为其自身的一大挑战。

在一个理想的城市系统中，政府、市场、社会的力量应当相对均衡，而城市规划和布局主要由政府主导。与许多城市产业集聚区和生活片区由市场和社会自发形成不同，北京城市副中心由于其设立时就被标注了特殊性与重要性，其产业布局和空间规划具有明显的强政府管控特征和"一张白纸绘蓝图"的特征。除了某些小行业，如艺术小镇的形成和规划具有市场自发因素外，多数地区的小镇更多地依靠政府推动相关项目和企业入驻来带动发展，产业功能区和特色小镇的规划建设也多依靠政府力量推动。从北京城市副中心政府、市场、社会三者的作用强弱看，当前阶段政府主导城市发展的特征更为明显，市场和社会组织发育不成熟导致相应功能难以充分发挥。由此，在政府主导城市发展的阶段下，京师通州律所如何实现自身更合规的发展，成为其自身的一大挑战。

京师律所是全国知名律所，入驻通州后，为通州带来更多专业律师。但据不完全统计，全区律师事务所仅占全市律师事务所总数的4%，律师行业从业人员较少，律师行业规模较小，律所规模化发展、现代化管理方面与北京城市副中心法律服务的形势和任务还不相匹配，因此京师通州律所面临着巨大的压力。

四、未来发展路径

（1）加强与政府之间的合作。京师律所作为北京单体最大的律所之一，理应在北京市通州区司法局的领导下，以公共法律服务体系建设为总抓手，以满足人民群众法律服务需求为宗旨，积极发挥自身优势，在北京市委、市政府这一重大战略决策中有所作为，致力推动北京城市副中心的建设。

（2）注重优质人才引进。北京城市副中心的建设，具有独特的意义，也称为首都副中心，在一定程度上承载着首都功能。在这种情况下，优质人才就变得尤为重要。京师通州律所，不仅要引进海外的优质人才，也要注重对通州区高校优秀学子的引进。因为本区高校的学子更了解通州地区的发展，在一定程度上进行了相应的研究。通州高校可以通过举办与城市副中心建设相关的大规模活动，让高校学子对其有更深入的了解。

（3）注重数字化变革。数字化研究已经遍布各行各业，律师行业也应注重数字化研究，将数字化平台运用到律所的发展中。面对行业的多样性，以数字化平台为基础的法律平台能够充分体现企业诉求。数字化平台产生的海量数据，有助于律所以及企业获取更多有用的数据，以便做出精准的判断。尤其是在新冠疫情背景下，越来越多的服务贸易转为线上，云计算的普及不仅使得企业的运营成本得以降低，也使得分所可以依托总所强大的全球网络体系，先进的管理体制以及专业化的团队作业模式，广泛采用基于大数据和移动互联网等的新兴技术，不断整合各种资源，提高其法律服务的效率。

（4）融入智慧城市建设中。通州以常态化文明城区创建为抓手，不断提升城市精细化管理水平，充分借助信息化手段，依托智慧城市建设推进精细化治理升级，"城市大脑"实现多部门数据共享，管理更加高效。京师律所应借助智慧城市的建设，融入其中，不仅可以共享自己拥有的相关数据，也可以借助智慧城市的信息平台获取更多有用的数据。

（5）加强律所的党建工作。近年来，北京市通州区司法局党组始终秉承"党建促队建、队建促所建"的工作原则，坚持"党建＋规范""党建＋服务""党建＋业务""党建＋监督"模式，打造了一支听党指挥、能打胜仗的优质律师队伍。京师通州律所应紧跟北京市通州区司法局党组的步伐，注重律所的党建工作，发挥律师党建公益内核效能，引导律师队伍为"两区"建设、环球影城开园、张家湾设计小镇建设等北京城市副中心重大战略项目提供专业化服务；组织"中小微企业法律服务团"和律所律师面向中小微企业，深度开展"法治体检"活动，助力民营企业和中小微企业依法健康发展。

五、结语

作为国家服务业扩大开放综合示范区和北京自由贸易试验区建设的重要载体之一，五河交汇处的运河商务区将会越来越明显地展示出北京城市副中心应有的发展活力和巨大虹吸力。京师通州律所坐落在此处，不仅能够享受到北京城市副中心丰厚的信息资源与优质的人才资源，也能够在运河商务区建设中进一步释放发展活力。

京师律所自入驻通州以来，举办了很多活动，如举办高端涉外法律论坛是落实党中央关于加快涉外法治工作战略布局要求，支持北京城市副中心高质量发展，培养涉外法治人才，打造北京发展涉外业务新高地的生动体现和具体实践。2022年3月北京物资学院法学院院长尚珂带队赴京师通州律所调研并开展合作共建交流，希望全方位推动校企合作项目的落实，携手为城市副中心建设做出更大的贡献。

京师律所入驻北京城市副中心，既为其自身的发展带来了机遇，也遇到了新的挑战。只有紧跟政府步伐，适应时代发展要求，广纳优秀人才，将党建工作与律所业务相结合，才能在这里开辟出一番新的天地。京师律所应以专业诠释律师人责任，以担当践行律师人使命，加强与国内高校的深度合作，引进更多的优质人才，为通州区法治化建设和全市涉外法律服务开创新局面、开辟新路径、开拓新航线。

技德入驻国家网络安全产业园区
（通州园）缕析

管理科学与工程　潘保霏

一、企业背景

北京技德系统技术有限公司（以下简称"技德"）是一家致力于操作系统技术产品创新研究和商业化的国家级高新技术企业，以探索中国操作系统的未来为使命，为操作系统厂商、整机终端厂商、行业应用厂商、集成商提供操作系统技术解决方案。技德核心技术人员参与了天河超级计算机等多项国家及军队重点项目，拥有国产跨平台操作系统"技德操作系统"（Jide OS）、跨平台兼容层技术（JStack）、人工智能能力支撑技术（JAI＋）以及真笔迹还原手写应用"云记"（Jnotes）等核心产品和技术。技德研发的操作系统解决方案具备跨芯片平台和应用兼容能力，同时可以满足多种场景下融合体验，其产品适用于"政企移动＋"桌面办公、教育、金融、无人驾驶汽车、信创等多个行业和新兴领域。

在国家网络信息安全战略布局下，技德作为国际领先的跨平台操作系统解决方案厂商，正在努力成为加速推进中国操作系统技术进步及商业化进程的中坚力量，并不断致力于将国产操作系统打造成为世界级信息产业新生态。目前技德已完成国家密码管理局安全操作系统密码检测认证、高新技术企业认证和 ISO 9000 以及 ISO 27000 的认证，具备相应的软件研发、销售和安全涉密的资质。基于跨平台兼容技术的核心产品线，依托优秀的软硬件研发能力，技德致力于为用户以及合作伙伴提供融合体验的智能终端产品及软硬件研发设计服务。

二、产业背景

网络安全产业属于战略性新兴产业，是数字经济的重要组成部分。面对日益增长的网络威胁，网络安全产业致力于通过多种技术、设备和规则形成软硬件相结合的防卫体系，保证通信网络和信息的安全、稳定。近年来，随着新一代信息技术的飞速发展，5G、大数据、云计算、人工智能、物联网被广泛应用，与网络安全产业相互融合，不断催生出新业态新模式。

（一）国内背景

直到 2015 年，我国网络安全产业仍然处于起步阶段，市场空间小，发展面临较多制约因素。与美国、俄罗斯、以色列和欧盟等国家和地区相比，我国网络安全产业在宏观战略导向、产业发展政策、行业管理机制、产业发展格局、产业发展规模、产业发展模式等方面，均面临一系列难题。但是，随着《中华人民共和国网络安全法》（以下简称《网络安全法》）《国家网络空间安全战略》《"十三五"国家信息化规划》《网络空间国际合作战略》等一系列重大法规、规划文件发布实施，我国网络安全产业进入了发展黄金期，并在产业发展、供给、政策完善方面持续发展，具体体现在以下几方面。

1. 产业发展方面：产业规模迅速扩张

"十三五"以来，我国网络安全产业发展进入快车道，产业规模迅速上升，2019 年达到 1563.59 亿元，较 2018 年增长 17.1%。2020 年，随着技术保障能力持续增强，安全态势感知、威胁监测、应急处置一体化综合技术防范体系初步形成，我国网络安全产业规模突破 1700 亿元。"十四五"时期，我国网络安全产业产品体系将进一步完善，创新动力将进一步增强，内需市场将进一步扩大，预计 2023 年网络安全产业规模将超过 2500 亿元，年复合增长率将超过 15%。

2. 产品供给方面：产品供给丰富多样

从网络安全产品结构来看，其可以分为硬件、软件和服务三个方面。硬件和软件方面具有一定优势，2018 年这两类产品在国内网络安全市场中的占比分别达到 48.1% 和 38.1%，而服务仅占整个网络安全市场的 13.8%。从网络安全重点细分领域来看，我国网络安全产业与新一代信息技术相融合，发展势头迅猛，部分细分领域走在国际前列。在与人工智能结合方面，通过机器学习可以对网络流量进行智能监测，找出异常访问；通过自然语言处理可以对舆情进行实时分析，快速鉴别、定位恶意文本和敏感信息，实现风险溯源。在与工业物联网结合方面，可以对工控协议、通信协议进行智能解析，实现信号感知与网络安全监控。在与 5G 结合方面，可以构建垂直行业的安全解决方案、无人应用场景的智能控制方案和城市重大风险源监控方案，进一步应用于行业的安全管理和城市的智能治理。

3. 政策完善方面：政策支持持续加强

2014 年 2 月，中央网络安全和信息化领导小组正式成立，致力于解决我国网络安全管理中长期存在的职能交叉、责权不一问题，这标志着我国由网络大国向网络强国迈出坚实的一步。2015 年 10 月，党的十八届五中全会明确提出实施网络强国战略，网络信息安全被列为网络强国战略的三大建设内容之一。随后，我国网络安全法治建设进入快车道。2016 年 11 月，全国人民代表大会常务委员会审议通过了《网络安全法》。《网络安全法》的出台，构成我国网络空间管辖和维护国家网络主权的基本遵循，是依法治国理念的具体体现，为国家网络安全战略和网络强国建设提供强有力的法治保障。国家相关部门陆续出台的一系列关于网络安全的制度与条例，促进了我国网络安全产业的发展与制度建设。

（二）国际背景

1. 网络安全产业规模增速提升，北美市场占全球比重接近一半

根据 Gartner 统计数据，2020 年全球网络安全产业规模达到 1366.6 亿美元，增速达到 8.2%；2021 年全球网络安全产业规模达到 1577.5 亿美元，增速达到 17.9%。全球网络安全市场主要分为北美、西欧和亚太地区三大板块。2021 年，三大板块占全球网络安全市场份额 93.5%，其中北美地区占全球比

重接近一半，西欧与亚太地区的体量大体相当，而拉美、中东、北非地区所占比例极少。以2021年的数据来看，北美地区网络安全支出为751.9亿美元，西欧地区为392.6亿美元，亚太地区为329.8亿美元。与2020年相比，北美和西欧地区的市场份额略有下降，而亚太地区的市场份额则略微上升，其中，中国的增速最为明显。

2. 网络安全产业结构趋于平衡，云安全等细分领域受新冠疫情影响较大

根据Gartner统计数据，2019年全球网络安全服务市场规模为619.22亿美元，全球网络安全产品市场规模达624.78亿美元，网络安全服务与网络安全产品市场格局趋向于五五分。其中，安全咨询服务、安全托管服务在网络安全服务市场中占比较大，基础设施保护、网络安全设备、身份管理位列网络安全产品市场前三。2021年，云安全市场增幅突破40%，应用程序安全、数据安全、身份访问管理、基础设施保护、综合风险管理、安全服务等细分领域的增幅也将达到10%以上。

3. 欧美企业市值营收全球领先，我国企业正在加速追赶

根据2021年1月上市公司财报统计数据，美国CrowdStrike以2883亿元的市值位列全球网络安全榜首，全球市值前十的网络安全企业欧美独占8席，前20强占据17席。我国深信服科技股份有限公司、北京奇虎科技有限公司、奇安信科技集团股份有限公司入围20强，分列第9、10和11位。在全球网络安全上市企业50强中，中国企业占据20席。在营收方面，2019年，美国Fortinet营收达21.6亿美元（约150亿元），全球排名第一；奇虎360营收128.41亿元，全球排名第三。在全球营收前十的企业中，欧美占据7席，中国入围3家，与欧美的差距正在逐步缩小。

4. 网络安全融资并购持续高涨，美国、英国、中国已成为产业发展高地

近年来，全球网络安全融资并购呈现持续增长态势。Momentum Cyber数据显示，2019年，国际网络安全企业融资活动419起，较2018年增长4.23%，交易总额达89亿美元，同比增长39.00%。数据安全、身份管理与访问控制、网络与基础设施安全等成为网络安全融资的重点细分领域。与此同时，网络安全企业并购数量再创新高。据不完全统计，2019年国际网络安全并购活动达 188 起，交易总额达 276 亿美元，较 2018 年增长 78.06%。其中，安全托管服务、安全咨询服务领域并购活动均超过 30 起，成为年度最热并购领域。2020 年，国际网络安全领域并购交易 178 起，交易总额达 200 亿美元，有 6 笔交易价值超过 10 亿美元。根据《2018 全球网络安全产业投融资研究报告》，全球网络安全产业投融资主要集中在美国、英国、中国和以色列的网络安全企业，美国以 1101 次居全球首位，硅谷、纽约、北京、伦敦、波士顿的企业获得融资数量高居全球前五。美国拥有近千家重点布局网络安全的投资机构，居全球首位，英国、以色列、中国、法国位列前五。

5. 美企网络安全创新能力领先，欧盟和中国竞争全球第二梯队

根据 Cybersecurity Ventures 发布的 2018 年度全球网络安全企业创新 500 强名单，美国有 358 家企业上榜，欧洲有 67 家企业，我国仅有安天科技股份有限公司、北京奇虎科技有限公司、杭州安恒信息技术股份有限公司、北京瀚思安信科技有限公司等 8 家企业入围。根据《2018 全球网络安全企业竞争力研究报告》，55 家美企进入百强榜，17 家中国企业入围，英国、以色列分别以 10 家和 5 家位列第三、第四。根据 Cybersecurity Ventures 发布的 2021 最值得期待 150 家网络安全企业名单，我国没有企业上榜。

6. 跨国巨头全面渗透网络安全产业，为市场发展注入新的活力

近年来，微软、IBM、思科、甲骨文、英特尔、博通等全球大型跨国 ICT 企业纷纷加入网络安全领域，通过收购、投资等渠道不断吸收全球先进网络安全技术。如博通以 107 亿美元收购赛门铁克企业安全业务，微软以 1.65 亿美元收购以色列工业网络安全公司 CyberX，甲骨文收购网络安全公司 Zenedge 等。跨国 ICT 巨头的投资并购不仅为全球网络安全市场持续注入技术创新动力，也进一步提升了自身产品安全性能，逐步构建起强大的网络安全产品线和服务体系，成为全球网络安全市场的重要参与者。

三、机遇与挑战

"十四五"时期我国进入新发展阶段，国内外的政治经济环境发生重大变化，新一轮信息技术革命蓄势待发，我国构建的"双循环"发展格局，为网

络安全产业发展提供了新的契机。与此同时，世界经济发展不确定性加大，国内体制机制改革进入攻坚克难阶段，为网络安全产业发展带来新的挑战。技德选择入驻国家网络安全产业园区（通州园），正是想直面挑战，抓住机遇，在网络安全产业发展潮流中拔得头筹。

（一）信息技术革命蓄势待发，"双循环"格局创造机遇

迄今为止，人类历史的发展经过了三次工业革命，每一次革命都带来了生产力的大幅度提高，目前正处于以新一代信息技术为主导的第四次工业革命时期。大数据、云计算、人工智能、物联网等新一代信息技术的逐步成熟，深刻改变了产业的组织方式和人类的工作及交流方式，信息作为一种全新的生产要素参与到物质生产与服务供给之中。21世纪，发展新一代信息技术成为全球各国争相占领的制高点。例如，2012年3月，美国发布《大数据的研究和发展计划》，2016年10月，出台《国家人工智能研究与发展战略计划》；2013年6月，日本发布《创建最尖端IT国家宣言》，2017年3月，发布《人工智能技术战略》；2014年，德国推出《新高科技战略——为德国而创新》，2018年7月，发布《联邦政府人工智能战略要点》等。在此发展环境下，网络安全产业作为新一代信息技术产业的重要组成部分，与大数据、人工智能、物联网等深度融合，形成新业态和新模式的格局逐步显现。此外，网络安全产业作为新兴产业，在全球范围内的发展历史不长，我国在该领域具备一定程度的积累，与世界主要发达国家的差距并不大，在部分细分领域甚至具有一定的后发优势，依托规模巨大的国内应用市场，我国网络安全产业发展大有可为。2020年5月14日，中共中央政治局常务委员会会议指出，要深化供给侧结构性改革，充分发挥我国超大规模市场优势和内需潜力，构建国内国际双循环相互促进的新发展格局。通过供给侧结构性改革，进一步畅通国内经济大循环，使得国外产业更加依赖中国供应链和产业链，更加依赖中国的巨大消费市场，从而促进更高水平的对外开放，实现国内国际双循环。我国网络安全产业正处于由大到强的关键变革时期，在以国内大循环为主体、国内国际双循环相互促进的新发展格局之下，一方面，国内积极扩大内需的战

略必然需要激发消费潜能，而网络安全产业的触角已经延伸到了政府、国防、教育、文化、医疗、金融、能源、通信等多个领域，具备顺势而为、乘势而上的巨大潜力；另一方面，通过实行高水平对外开放，我国网络安全产业可以大力拓展海外市场，与"一带一路"沿线国家形成紧密的网络安全合作关系，将中国的网络安全产品和服务推向世界，将创新成果与各国同行广泛交流，开拓合作共赢新局面，为世界网络经济持续良好发展、网络安全持续优化提升做出新的贡献。

（二）全球经济不确定性加大，国内机制改革带来挑战

2021年3月，国际货币基金组织（IMF）在《世界经济展望报告》中指出，2020年全球经济增速为 -3.3%，发达经济体整体增速为 -4.7%，其中，美国、英国、德国、法国、日本增速分别为 -3.5%、-9.9%、-4.9%、-8.2% 和 -4.8%。只有我国实现了2.3%的逆势增长，成为世界唯一经济正增长的主要经济体。自2008年全球金融危机以来，全球经济持续处于长周期下行阶段，并且伴有复苏不均的情况出现。2020年年初至今，新冠疫情的暴发极大地加剧了全球经济发展的不确定性，致使世界经济陷入短时深度衰退。疫情冲击深刻影响全球贸易格局，加速全球产业链和供应链的重新配置。从短期来看，网络安全产业上游的基础硬件供应商面临产能压缩，中游和下游的产品和服务供应商出现业务量萎缩，签约、部署实施、回款均面临较大困难。特别是在进项减少、企业硬性开支成本难以压缩的情况下，小微网络安全企业资金承压较大。从长期看来，我国经济基本面向好，随着国内疫情趋于稳定和内需逐步扩大，网络安全市场所受影响不大；而国外经济前景不明朗，对我国网络安全产业走向国际化具有一定影响。党的十八大之后，我国改革已经进入深水区和攻坚期，经济增长速度发生变化，产业结构面临重大调整，新旧增长动能出现转换。特别是我国进入新发展阶段之后，亟须通过全面深化改革，坚决破除一切不合时宜的思想观念和体制机制弊端。就网络安全产业而言，一方面，作为新一代信息技术产业会受到国家政策的大力支持；另一方面，产业发展规制亟须健全，中小微企业和民营企业发展亟须政策支持。

特别是在网络安全产业人才培养机制、创新研发和成果转化机制、产业链完善和服务机制、企业发展支持机制等方面，还面临着一些制度障碍，亟须通过深化改革来解决。

技术壁垒是企业发展的屏障，技德为此需要着力打造网络安全产业产学研用全产业创新链条，不断增强创新驱动能力。要进一步整合高校、科研院所和龙头企业的创新研发资源，通过加强各方面的深度合作，将科研创新延伸至产业发展与落地应用，在知识产权改革、成果利益分配等机制方面深化改革，构建起广泛、高效的网络安全产业体系，力求在关键技术、核心产品制造等方面实现原始性、自主性的重大突破，促进5G、物联网、大数据、云计算、人工智能与网络安全产业深度融合，综合提升威胁情报分析、智能检测预警、加密通信等网络安全防御能力，不断促进网络安全的落地应用。

西北工业大学入驻北京通州区分析

物联网工程与技术　秦振波

一、背景介绍与原因分析

随着社会的不断发展，以及各大高校的不断扩招，本科生数量越来越多。同时，由于经济的不断发展，各地区之间的差异不断加大，一线城市如北京、上海、广州、深圳等发达城市的高校往往会获得更好的生源、更多的财政支持以及更多的项目合作机会。而一些偏远地区的高校，尽管自身实力并不弱，但由于所在地区较为偏远或当地经济发展不好，也无法获得更好的发展。目前，我国许多高校都在异地建设分校区，如西北工业大学在北京市通州区建立西北工业大学北京研究院。

西北工业大学位于陕西省西安市，直属中华人民共和国工业和信息化部，是中国唯——所同时发展航空、航天、航海工程教育和科学研究的全国重点大学，入选国家"双一流""985 工程""211 工程"，是卓越大学联盟、中俄工科大学联盟、中俄交通大学联盟、中英大学工程教育与研究联盟、"一带一路"航天创新联盟、全国高等军工院校课程思政联盟成员。

首先，西北工业大学入驻通州，有一定的行业原因。2019 年 10 月，西北工业大学与北京市通州区政府签署了产教融合合作协议，标志着西北工业大学北京研究院（以下简称"北京研究院"）建设迈出了坚实的一步。根据当时的资料，北京研究院重点面向"三航"、网络安全、无人系统、智能制造等领域，其落户国家网络安全产业园区（通州园），说明有意向网络安全领域倾斜。

近年来，传统安全威胁和非传统安全威胁相互交织，网络空间成为大国博弈的主战场。我国也面临着严峻的国家安全形势，其中网络与数据安全已成为我国面临的最复杂和最严峻的非传统安全问题之一。北京研究院落址通州，可以更好地服务通州科技创新，推动全市网络安全产业提升，保护国家网络安全。

除了网络安全，西北工业大学还肩负着智能制造和无人系统等领域的研究。而北京市在智能制造产业上的优势，同样吸引了西北工业大学的入驻。工业4.0，在2013年的德国汉诺威工业博览会上正式被推出，其核心目的是提高德国工业的竞争力，使其在新一轮工业革命中占领先机。随后该概念被德国政府列入《德国2020高技术战略》，成为德国未来十大项目之一。该项目由德国联邦教育和研究部以及德国联邦经济技术部联合资助，预计投资达2亿欧元，旨在提升德国制造业的智能化水平，建立具有适应性、资源效率及人因工程学的智慧工厂，在商业流程及价值流程中整合客户及商业伙伴。其技术基础是网络实体系统及物联网。《中国制造2025》与工业4.0密切相关。新中国成立尤其是改革开放以来，我国制造业持续快速发展，建成了门类齐全、独立完整的产业体系，有力推动了工业化和现代化的进程，显著增强了综合国力。然而，与世界先进水平相比，中国制造业仍然大而不强，在自主创新能力、资源利用效率、产业结构水平、信息化程度、质量效益等方面差距明显，转型升级和跨越发展的任务紧迫而艰巨。《中国制造2025》由百余名院士专家着手制定，为中国制造业设计顶层规划和路线图，致力于实现中国制造向中国创造、中国速度向中国质量、中国产品向中国品牌三大转变，推动中国到2025年基本实现工业化，迈入制造强国行列。同时，随着人口老龄化的不断加剧，新生人口大幅下降，工厂招工难，没人愿意做重复单一的劳动工作，这都迫切需要智能制造业的发展。西北工业大学作为网络安全和智能制造专业的佼佼者，入驻通州，成立研究院，有利于其与北京智能制造领域的企业进行沟通交流，便于其实地考察。除此之外，北京高校云集，相关领域的研究团队也有很多，北京研究院可以进行充分的交流合作。目前，北京市不仅有腾讯、阿里巴巴、百度、字节跳动等优秀的互联网企业，还有华为、海康威视、大疆等高端制造业企业，这无疑为北京研究院提供了便利，也增加了许多合作的机会。

其次，西北工业大学入驻北京，也受到了国际环境的影响。我们要借鉴吸收国外优秀的管理经验和高端的科学技术。北京有 3M 中国有限公司、埃森哲咨询公司、艾默生电气（中国）投资有限公司北京办事处，还有像微软亚洲研究院这样优秀的研究院。这非常有利于北京研究院吸取国外优秀技术，快速了解国际前沿科学技术，尤其是目前急需的网络安全、智能制造、高端制造、无人工厂等技术。另外，随着我国综合国力不断增强，经济实力、军事实力、科技实力等各方面不断提高，国际地位不断上升，而近几年美国自身经济增长缓慢。美国不断制裁我国高新技术企业和高校，例如，国科微电子股份有限公司、新华三半导体技术有限公司、苏州云芯微电子科技有限公司等高端芯片制造企业，以及西北工业大学、北京理工大学、南京航空航天大学等高校。这无疑是为了遏制我国高端制造业的发展，而我国虽然在科技领域发展迅速，但目前仍与发达国家先进技术水平有一定的差距，这迫切需要高校加快研发速度，打破美国垄断，大力发展出我国自己的高端制造业。同时，华为也将自己的"鸿蒙精英班"设置在了西北工业大学，这说明我国高端企业对西北工业大学实力的认可，再加上西北工业大学被美国制裁，更坚定了西北工业大学发展属于自己高端技术的决心。

最后，西北工业大学入驻通州，与通州区政府的努力紧密相连。北京市通州区政府委托同济大学建筑设计研究院（集团）有限公司为总体城市设计，规划范围为 1.67 平方千米。征集方案需要提出国家网络安全产业园区（通州园）起步区城市设计的目标定位、整体发展结构和功能布局总体设想；提出空间形态控制方案、城市交通规划系统方案、公共开放空间系统规划方案、景观系统规划方案、地下空间开发方案；提出建筑形态设计导则、环境景观设施控制引导要求；研究空间发展时序，提出规划实施步骤、措施和政策建议。如此细致的建筑规划、产业规划、生态规划要求，充分体现了通州区政府的诚意，以及其招揽人才、发展高端技术产业的信心和决心，所以才会有许多高端企业和西北工业大学等高校入驻。

二、发展中的机遇与挑战

（一）机遇

西北工业大学入驻通州，对其自身的发展是非常有利的。

一是行业优势。西北工业大学主校区坐落于西安，西安不仅是新一线城市，也是国家中心城市，但是西安的互联网和高端制造产业并不发达。从图1可以看出，在百强互联网企业城市分布中，北京占据了34家，这充分说明北京在互联网企业方面有地理位置优势。在北京通州建立研究院，可以方便对北京相关企业进行实地调研和考察，直接与企业的研发部门进行沟通，甚至与这些高端企业进行合作。

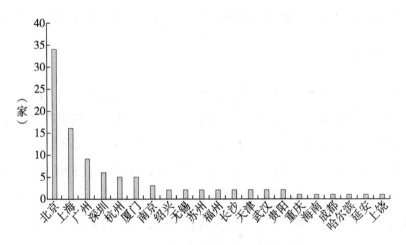

图1　百强互联网企业城市分布

数据来源：中国互联网协会发布的《中国互联网企业综合实力指数（2021）》。

二是地理位置优势。西安虽然靠近我国中心位置，但其辐射范围主要是中西部地区，依靠其自身优势，吸收到的优秀人才以中西部地区为主。而北京作为国家的首都，对全国的人才都有一定的吸引力，并且可以辐射整个东部和北部地区，从而获得更多的人才。

三是教育研究资源优势。北京作为全国985、211高校数量最多的城市（如图2所示），教育资源和研究资源非常丰富。各高校互相合作，共同研究

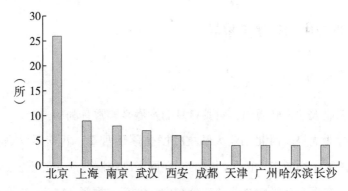

图2　985、211高校数量最多的城市统计

数据来源：中华人民共和国教育部发布的《全国普通高等学校名单》。

某些课题，可以事半功倍，非常有利于开展科研工作。

四是政策优势。国家网络安全产业园区（通州园）作为网络安全产业发展拓展地，会受到政策倾斜和更多的照顾，更容易获得项目审批和经费支持。

（二）挑战

第一，研究方面的挑战。当今世界正处在百年未有之大变局中，我国正处于实现中华民族伟大复兴的关键时期，一定要大力发展科学技术，让科技成为富国强民的工具，打破技术封锁。近期，拜登政府向荷兰施加压力，要求其限制对中国出口光刻机，甚至还试图联合其他国家共同组成"出口管制联盟"，企图全方位遏制中国高科技发展。面对这些限制，迫切要求西北工业大学以及中国的其他高校加快研究进度，合作共赢，打破美国在国际上的垄断，发展出我国自己的高端制造业和高科技产业。

第二，高校云集产生的竞争。北京的高端制造业和高科技企业有很多，优秀的高校也有很多，所以，北京研究院会面临很多竞争，如类似的项目如何做得比别人更好。这需要高校自身不断努力，充分发挥自己的优势，才能在竞争中胜出。

第三，优秀人才的流失。北京的机会很多，可能会导致高校自身的优秀人才流失。虽然北京可以为北京研究院提供更多优秀人才，但如果自身实力不够，可能会起到反作用，导致自身优秀人才被其他高校或者研究院吸引走，造成人才流失。

机遇和挑战往往相伴而生，如何将挑战变为机遇，并抓住机遇，是北京研究院需要思考的问题。正如习近平总书记所说："在危机中育新机，于变局中开新局。"

三、发展前景与发展路径

网络安全是指网络系统的硬件、软件及其中的数据受到保护，不受偶然的或者恶意的破坏、更改、泄露，保证系统连续可靠正常地运行，网络服务不中断。随着计算机技术的飞速发展，信息网络已经成为社会发展的重要保证。信息网络中有很多敏感信息，甚至国家机密，难免会受到来自世界各地的各种人为攻击，如信息泄露、信息窃取、数据篡改、数据删添等。同时，网络实体还要经受如水灾、火灾、地震、电磁辐射等方面的考验。这无不体现出网络安全的重要性。近年来，我国对网络安全的重视程度不断提升，产业规模不断扩大（如图 3 所示）。

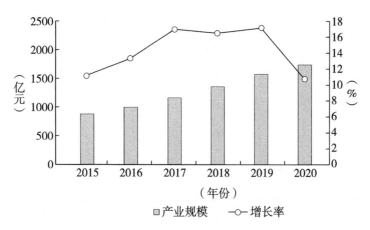

图3 2015—2020 年我国网络安全产业规模增长情况

近年来，我国网络安全政策体系不断完善。据不完全统计，截至 2021 年 6 月底，我国已出台关于网络信息安全与数据合规的法律、行政法规等共计 200 多部，形成了覆盖网络安全等级保护、关键信息基础设施保护、数据安全管理、个人信息保护等领域的网络安全法律法规体系。近年来，人工智能、物联网等新技术新应用领域的网络安全监管政策不断完善，网络安全执法力度逐步加大。在网络安全产业布局方面，随着我国新型基础设施建设的全面铺开，新技术新场景驱动的网络安全需求与日俱增。大数据、云计算、物联网和工业互联网是市场主体布局较多的领域。此外，网络安全新技术新理念的涌现，为市场带来了重构和洗牌的新机遇。从调研数据来看，动态边界、智能分析、主动防御、云化服务是目前较被市场看好的网络安全技术发展方向。从这些统计可以看出，网络安全行业的前景还是十分广阔的，发展潜力巨大，随着物联网和人工智能的到来，安全问题将会越来越受到关注。

北京研究院未来的发展要稳步推进，不能急于求成。虽然我国目前受到国外的科技封锁，迫切需要推动高端制造业和网络安全等产业的发展，但是过于急切反而会导致失败。因此，北京研究院更应该脚踏实地，一步一步地攻克难关。在面对挑战时，不能总想着竞争，因为这本质上并不是一个零和博弈的问题，合作共赢才是发展之道，所以北京研究院应探索出一条属于自己的道路。

北京环球影城发展背景与对策分析

管理科学与工程　陈诗齐

一、概述

好莱坞环球影城是一个再现电影场景的主题公园，位于洛杉矶市区西北郊，以多部大制作电影为主题的景点最受欢迎。20世纪初，电影制片商在此发现理想的拍片自然环境，便陆续集中到此，使这一块土地逐渐成为世界闻名的影城。

北京环球影城作为亚洲第三座、全球第五座环球主题公园，总投资高达上百亿元，是迄今为止全球最大的环球主题公园。其位于通州文化旅游区内，建设用地面积约207万平方米，规划建筑面积约164万平方米。北京环球影城正式开园后，中国内地大型主题公园形成了"南迪士尼、北环球影城"的双雄鼎立格局，为国内旅游消费注入新活力。

二、背景分析

（一）政策分析

《北京城市副中心（通州区）"十四五"时期服务业扩大开放和商务服务业发展规划》提出加快研究推进培育建设国际消费中心城市。"京韵风范地"依托运河壹号项目，突出大运河滨河景观特色，打造运河城市会客中心，形成形象风范磁极；"艺文复兴地"发挥远洋乐堤港、大融城带动效应，突出文艺时尚元素，形成文化潮流磁极；依托北京城市副中心交通枢纽，打造"全

157

球领先的城市商业新枢纽标杆";依托环球主题公园,打造文旅商融合发展示范区。

北京城市副中心以规划为引领,已经进入提升城市功能品质、全面推进高质量发展的关键时期。2022 年,北京城市副中心持续保持千亿元以上的投资规模,进一步优化投资结构,聚焦高精尖产业发展、国家绿色发展示范区建设、京津冀协同发展、民生保障、区域交通补短板等方面,提高投资占比,加大投资力度,比 2021 年提升了 23%。同时更加注重带动社会资本,通过有效的撬动,2022 年社会资本的投资总额达到了 70%,进一步激活了市场活力。

2019 年发布的《北京城市副中心控制性详细规划(街区层面)(2016 年—2035 年)》,成为引领北京城市副中心建设的纲领指南。北京城市副中心被赋予了国际一流的和谐宜居之都示范区、新型城镇化示范区和京津冀区域协同发展示范区的功能目标,"三个示范区"明确了北京城市副中心之于首都、之于京津冀、之于全国的重要作用,到 2035 年,通州区要初步建成具有核心竞争力、彰显人文魅力、富有城市活力的国际一流的和谐宜居现代化城区。

(二)行业分析

近年来中国旅游市场规模不断扩大、旅游总收入不断提升,旅游市场整体呈良好发展态势。同时,中国文旅消费市场正处于品质化转型阶段,且在"双循环"尤其是内循环对于消费的促进作用下,越来越多的游客愿意为高品质、多元化的文旅产品与服务埋单。在此背景下,主题公园经济逐渐成为拉动旅游产业的重要帮手,2003—2013 年,中国主题公园产业进入高速发展期。例如,华侨城集团创办的欢乐谷在过去 10 年得到了极大发展。同时,国外主题公园巨头开始进军中国市场。安吉 Hello Kitty 主题公园于 2015 年开业,迪士尼乐园于 2016 年在上海开业,环球影城落户北京,乐高乐园进入上海等。据不完全统计,2020 年,全国已累计开发的主题公园旅游点约为 3000 个。在这一基础上,还有不少新玩家正在进入市场。除了刚刚开园的北京环球影城,深圳乐高乐园预计在 2024 年开业。派拉蒙主题公园有望落户昆明,预计 2024

年开始运营。作为全球高水平主题公园之一，北京环球影城对于年轻人、影迷、亲子等不同类型游客群体均有很大的吸引力，它的出现将为国内文旅市场注入新的活力。

建设主题公园是拉动当地经济、建构城市名片的有效途径。世界著名的主题公园大多分布在人口密度高、人均 GDP 高的地区。中国一线城市人口稠密，适合建设主题公园。从区域分布来看，目前中国大型主题公园主要集中在以广州、深圳为核心的珠江三角洲地区，以上海、苏州为核心的长江三角洲地区、环渤海地区，以及长沙、武汉、成都等中西部新一线城市。这种分布与中国区域经济发展水平和国内旅游市场结构基本一致。中国一线城市的主题公园已经基本饱和，还面临着迪士尼和环球影城等国际巨头的挑战，运营商纷纷加码二三线城市。例如，华强方特文化科技集团有限公司在重庆涪陵、四川绵阳和自贡等地建设方特公园，美国时代华纳和梦工厂将联合投资2000 亿元在珠海建设主题公园，好莱坞电影电视公司派拉蒙的母公司计划在佛山建立动画主题公园等。

北京环球影城的建立，能够推动城市文化消费和区域经济朝多元化方向发展。从中远期来看，主题公园对区域经济的带动作用还体现在数字创意、科技研发等领域。随着北京环球影城的落地，通州可以通过引进资本，重点发展高端创意创新、动漫设计产业，构建出一个文化科技相融合的产业集群。

（三）国内外背景分析

从国内外环境看，现代主题公园是以 1955 年美国加州迪士尼乐园的出现为标志，已经发展了近 70 年。而中国主题公园的发展大体是从 1989 年深圳锦绣中华微缩景区建成开放算起，有近 35 年的历史。

21 世纪，在全球经济一体化、世界贸易自由化和各国各地区文化不断交融的背景下，世界主题公园迎来了新的、更大的发展机遇。如何抓住机遇，迎接挑战，是企业和政府旅游管理部门以及学者都十分关心的问题。国外对主题公园的研究越来越多并逐步深入，20 世纪 80 年代，国外一些专家学者如理查德·莱昂（Richard Lyon，1987）发表文章总结了主题公园的历史和发展过程；美国华盛顿城市土地研究所（The Urban Land Institute, 1989）对主题公园选址进行了研究。近几年来有一些学者开始研究主题公园与区域旅游互动发展机制，如麦考姆·库柏（Malcolm Cooper, 2001）在《在新的都市环境内发展旅游业》一文中讲到了利用主题公园重新吸引游客来哈维湾。

从文献研究的角度看，国内学者初期研究主要集中在对主题公园概念的界定，国内外主题公园发展回顾和现状描述，以及在此基础上对主题公园选址因素、未来发展影响因素的分析总结。如今，对主题公园的研究日益深入化、系统化、区域化，主要体现在对主题公园区域发展状况、经营管理模式、竞争等方面的探讨。对区域经济的影响研究也日益增多，包括讨论主题公园的区域经济影响、建设与发展，主题公园与区域经济的互动关系研究等。另外，对主题公园的特征研究也有许多成果。

主题公园进入中国市场对于环球影城而言最重要的意义在于获得高增长、大规模、近距离的消费人群，对环球影城的效益是极大的保障。当然，随着出境旅游的快速发展，以及游客旅游阅历的不断增长，中国游客已经逐渐建构起自己的国际视野，环球影城在满足中国游客不断升级的消费需求的同时还面临着出国游的挑战。

中国是一个具有悠久历史和灿烂文化的文明古国，如何在环球影城传统优势的基础上融入中国元素，如何在满足中国游客需求的基础上持续对周边国家形成足够的市场吸附力是北京环球影城需要解决的难题。

（四）自身背景分析

从北京环球影城自身的角度分析，其决策和选择所得到的支撑，主要来源于以下几个方面。

（1）特色鲜明的IP形象。北京环球影城共分为哈利·波特的魔法世界、小黄人乐园、变形金刚基地、功夫熊猫盖世之地、侏罗纪世界努布拉岛、好莱坞和未来水世界七大主题园区。每个园区都有一个属于自己的IP形象，利用IP形象将整个园区串成一个故事，形成园区独一无二的特性。环球影城的成功运营，启示中国本土主题公园要重视IP形象的融合，IP形象的文化内涵决定了主题公园的质量，同时也决定了主题公园的长远发展。近几年国内经济的飞速发展，国外资本的不断涌入，使主题公园的发展更为迅速。从游乐设施数量和先进性的角度看，本土主题公园不输国外品牌，但发展差距很大。究其原因，IP形象的重要性不可否认，但我国缺的不是IP，更重要的是主题公园如何用心表达IP，让游客深度理解IP的意义。主题公园不仅把IP形象包装在游乐设备上，更重要的是创造和提供沉浸式氛围、优质的服务、舒适的环境、原生态的深度体验等一整套流程。

（2）科技的高度融合。北京环球影城的每一个娱乐项目都融合了科技，使每位游客在园区内的游玩更为便捷，游客可以从官方App和微信小程序上在线购票和预约，提前了解园区内的每一个项目。另外，游客可以根据官方App给出的等待时长，合理安排排队，这样可以节省时间，以调整其他项目的游玩。中国本土主题公园的发展，应先从细节出发，细化场景布置，升级游客感官体验。数字服务是打造游客融入感的前提，应加快开发属于自己的主题公园程序系统，改变旧式游客纸质地图模式。

（3）与当地企业合作实现共赢。在餐饮、保险保障服务、社会公益活动、数字化设备提供等方面，北京环球影城与多家中国企业进行合作。北京环球影城城市大道入驻了多家餐饮、购物、001娱乐商户，打造了"一站式"餐饮娱乐中心，从而带动周边区域的经济增长。中国本土主题公园的转型可以从多方面进行，引进合作商户，从餐饮、购物等方面吸引游客，打造一体化游乐项目；加强与当地企业的合作，减少投资成本，实现互利共赢。

（4）"沉浸式"体验项目吸引游客。北京环球影城最大的成功在于沉浸式体验项目的真实感、融入感、科技感和互动感，将游客带入故事情境之中。如未来水世界园区的融入感，从视觉、听觉上给游客带来最真实的震撼，通过压迫感、激烈感、紧张感让游客融入其中。同时北京环球影城内演员时刻与游客保持高度的互动，充分调动游客的积极性，让游客乐在其中。中国本土主题公园应注重游客的参与感、体验感，注重"沉浸式"体验的打造。

三、挑战与机遇

新冠疫情期间，北京环球影城的建设和运营工作受到很大影响。如何应对冬季运营方面的约束，做好淡季文章，也是一个不可回避的问题。另外，环球影城的入驻对通州乃至整个北京的旅游业都将产生极大的影响，通州旅游产业的配套发展必然成为重要的发展方向。

通州旅游业在现代化国际新城建设和北京城市副中心建设中得到较快发展，依托地域特色和产业优势，每年向社会推出的各类旅游节庆活动达百余个。"运河文化游、艺术体验游、生态休闲游"成为全区三大旅游主题，"运河游览、古迹观光、创意文化、民俗风情、知识博览、农业观光、生态休闲、国防教育、工业旅游"九大系列旅游服务受到各界游人青睐。对于一个以旅游为主导产业的项目而言，客流量是最能反映环球影城经济效益的指标之一。过去五年通州区旅游接待游客数量递增，2011年达251万人次，旅游收入达21亿元；2012年旅游收入达23.9亿元。根据目前美国、新加坡及日本环球影城统计数据，预计北京环球影城每年将为通州带来800万～1000万游客，根据国际主题公园建设经验，按1元门票拉动8元消费计算，仅单独计算餐饮住宿和购物娱乐等基本消费，北京环球影城每年带来的服务业产值将达到240亿元。随着客流剧增，通州旅游产业亟须升级，以缓解急剧增加的游客量。

游客在消费"环球影城"的同时，衍生了对"食、住、购、娱"等相关产业的需求，交通、信息、金融、水电等旅游配套服务也成为重要影响因素。如游客对交通服务的需求，由于主题公园客流具有大人流量、高密度聚集的特点，因此必须具有良好的区域交通系统，该交通系统分为联外交通和区内交通。从联外交通来看，北京较国内其他城市具有明显优势。从区内交通来看，通州"大"交通发达、自驾车便利，但公共交通至景区的抵达性较差。所以应大力完善旅游公共服务体系，在公共交通和旅游集散中心的提升与建设上应加大力度。

四、总结

从长远来看，北京环球影城会为通州旅游市场带来巨大增量价值。文旅市场产生的"鲇鱼效应"，促使其他企业持续增加优质产品创新及开发方面的投入，这对丰富北京文旅市场的优质供给具有积极意义。据了解，北京环球影城主题公园一期开园运营后，便带动一批酒店、餐饮、演出演艺等关联企业入驻通州，年产出规模巨大，前景可观。

对于其他主题公园，如何开创独特的内容，构建属于自己的细分市场，将成为中国本土主题公园企业参与竞争的重要因素。现如今中国本土主题公园需要结合自身资源特点，做好创新型产品的开发，以便跟上未来发展趋势。

浅析科技企业天成通链入驻北京城市副中心

管理科学与工程　段苏峦

一、基本介绍

改革开放四十多年来，我国城市化历程经历了快速发展与变迁。与发达国家相比，我国城市化进程起步较晚，水平较低，具有城市问题、农村问题及发展不稳定问题并存等特点。随着人口的迁移和流动，北京、上海、广州、深圳等城市发展成为超大城市，产业、人口等的集聚给超大城市带来了巨大压力，也为城市治理带来新的挑战。

在当前社会变迁、人口流动的背景下，社会风险在特殊时空中不断迭加嵌套，进一步强化了人们对风险社会的感知。面对这一问题，城市副中心的建设成为疏解超大城市风险、优化超大城市治理的一项有效对策。2012年6月，北京市第十一次党代会明确提出进一步落实聚焦通州战略，打造功能完备的城市副中心。2018年12月，中共中央、国务院关于对《北京城市副中心控制性详细规划（街区层面）（2016—2035年)》的批复中明确提出，坚持高质量发展；科学构建城市空间布局；有序承接中心城区功能疏解"。由此可见，北京城市副中心建设的重要性和必要性进一步凸显。随着城市副中心建设日益得到重视，社会各界提出了城市副中心建设发展的总体思路和推动城市副中心建设的对策，尤其对城市副中心的交通发展、生态发展以及因地制宜的总体布局提出了规划性和策略性的意见。

"十四五"时期是我国高质量发展的关键时期。《北京"十四五"规划纲要》明确提出要大力发展数字经济、建设全球数字经济标杆城市，率先在城市副中心建设数字经济应用场景。在数字社会建设背景下，"区块链技术"作为多种物理产品的数字化表达，构成了一个大型的技术系统。随着智慧城市建设的推进，数字技术在解决传统城市治理技术和手段不精细的问题上发挥了重要作用。本文以马克思主义社会科学方法论视角，把北京天成通链科技有限公司（以下简称"天成通链"）入驻北京城市副中心作为典型案例，结合实证调研和文献研究的方法，分析该企业入驻北京城市副中心的背景与动因、当前发展中的机遇与挑战、未来的发展前景与相应的发展路径等，以期为北京城市副中心数字化建设和治理提供社会学视角的思考。

天成通链是一家聚焦于区块链技术的科技公司，于 2020 年入驻通州，是国家高新技术企业和中关村高新技术企业。该公司打造了北京城市副中心首个试点的区块链可信平台和首个区块链应用创新实验室，重点展示了设计小镇城市科技企业在区块链应用领域的创新成果。通过区块链应用导引区、数字支付体验区、可信应用体验区、规模化实施展示区和区块链未来应用研发工作区五大板块，将自有生态所汇聚的技术能力、前沿产品研发和应用案例，借助电子沙盘、互动大屏、设备体验、模具、文化墙、宣传展板等手段展示，帮助访客沉浸式体验区块链作为新型数字化基础设施能够提供的可信、快速、便捷服务，助力北京城市副中心数字化建设。

二、分析过程

（一）"三原则"方法分析

在天成通链入驻通州主要体现在客观性原则、主体性原则和系统性原则三个方面。

1. 客观性原则

2021 年，国家高度重视区块链行业发展，各部委发布的区块链相关政策已超 60 项，区块链被写入国家"十四五"规划纲要（《中华人民共和国国民经济和社会发展第十四个五年规划和 2035 年远景目标纲要》）中。除此之外，各部门更是积极探索区块链的发展方向，全方位推动区块链技术赋能各领域发展，积极出台相关政策，强调各领域与区块链技术的结合，加快推动区块链技术和产业创新发展，区块链产业政策环境持续利好发展。区块链技术不断地受到重视和发展，是对新时代中国的经济建设和数字化建设客观情况的现实考量和科学安排，是按照社会的本来面目认识和理解区块链技术发展的历史，以理论体系不断地自我更新和研究方法不断地自我改进，科学揭示了区块链技术在运动和发展过程中的客观规律。区块链发展战略坚持认识论的实践标准、历史观的生产力标准和价值观的人民利益标准，反对任何形式的主观主义。如北京市政府在制定北京城市副中心经济社会发展规划中，把落实数字化发展、科学技术发展要求作为规划、计划的重点内容，加以统筹和协调。天成通链成为中国银行数字人民币钱包的首家准入单位，是由于其区块链技术的应用将加快北京城市副中心数字人民币建设，助力张家湾设计小镇实现数字人民币全覆盖，这与北京城市副中心数字化建设的客观事实高度契合。所以，天成通链入驻通州充分体现了马克思主义社会科学方法论的客观性原则。

2. 主体性原则

中央层面提出"要把区块链作为核心技术自主创新的重要突破口，明确主攻方向，加大投入力度，着力攻克一批关键核心技术，加快推动区块链技术和产业创新发展"，将区块链上升至国家战略高度。同时引导和鼓励优质企业参与技术的创新与突破，为资本进入区块链行业营造了良好的制度环境，极大促进了各大科技企业加快创新步伐。天成通链作为区块链技术创新、发展的主体，贯彻区块链发展战略，坚持以人民为中心的根本原则，发挥人民群众的创造力，使技术成果造福人民，充分体现了马克思主义社会科学方法论的主体性原则。

3. 系统性原则

把各种分散的、零碎的社会现象看作社会总体运动的有机组成部分，在各种社会要素的有序联系中揭示社会有机体的有机组成部分是马克思主义社会科学方法论的系统性原则。区块链发展战略是运用马克思主义科学方法论系统性原则协调社会诸要素的决策部署。区块链技术融合金融行业、供应链行业、物联网行业、数字政务、文化旅游行业、民生医疗行业等领域，使区块链行业呈现加速发展态势。2021 年 6 月，全国首例"数字货币 + 自贸区智慧园区"项目落地张家湾设计小镇，该项目由中国银行、北京通州发展集团有限公司与天成通链联合建设。在此基础上，天成通链承接的子钱包产品率先通过了中国人民银行的验收，其数字人民币及智能设备可覆盖园区人员进出、停车物业、餐饮服务、企业缴费、购物消费、车辆充电等多种场景，加快北京城市副中心数字化建设，推动张家湾设计小镇实现数字人民币全覆盖。以上多场景、多设备、多人员、多业务的联通与统筹，充分体现了马克思主义社会科学方法论的系统性原则。

（二）矛盾方法分析

矛盾是普遍存在的，矛盾就是对立统一，事物内部的矛盾决定着事物的发展，因此如果要分析事物发展的客观规律，需要进行矛盾分析。因此看待天成通链入驻北京城市副中心这件事需要一分为二，具体问题具体分析，做到两点论与重点论的统一。天成通链入驻北京城市副中心的过程中，会出现这样或那样的问题与矛盾。从区块链发展背景来看：区块链产业应用领域众多，发展前景良好；利好政策助力行业规范，生态应用促进区块链行业前行；中国区块链行业规模飞速发展，全面迈入 3.0 时代；资本助力行业发展，融资热度有所消退；技术推动区块链行业发展，BAT 企业进行前沿布局；区块链未来三年内将广泛落地，成为建设数字中国的重要支撑。同时，张家湾设计小镇是创意设计和城市科技型企业的聚集地，目前已吸引了百余家企业入驻，主要集中在 5G 研发、人工智能、大数据和物联网等领域，为优化国家网络安全产业园区（通州园）"高精尖"产业结构，增强北京城市副中心创新能力提供强劲动力。张家湾设计小镇具有科技企业茁壮成长的土壤，也有相关的环境和政策优势。天成通链正是通过企业入驻的方式，借助科技企业发展的环境以及时代大背景，充分发挥自身优势，达到企业运营的目标。

天成通链入驻通州后，其发展既存在机遇，也存在挑战。

1. 机遇

第一，市场机遇。社会发展至今，传统技术的信息系统开发在一定程度上达到了饱和，导致市场长期萎靡，加上近几年新冠疫情对各行业的巨大影响和冲击，无形中增加了市场的激烈竞争。区块链技术的挖掘应用或许会成为市场业务拓展的一大推手。第二，政策机遇。中央网络安全和信息化委员会印发的《"十四五"国家信息化规划》将区块链等相关技术列入强化超前布局的战略性前沿技术。2019 年 10 月，中共中央总书记习近平在中央政治局第十八次集体学习时强调，要把区块链作为核心技术自主创新的重要突破口，明确主攻方向，加大投入力度，着力攻克一批关键核心技术，加快推动区块链技术和产业创新发展。党和国家领导人高度重视区块链技术，让区块链上升至国家战略高度。2020 年 4 月，国家发展和改革委员会首次明确将"区块链"列入新型基础设施的范围，明确区块链与人工智能和云计算都属于新基建中信息基础设施部分的新技术基础设施。2022 年全国两会也提出很多与区块链相关，比较"接地气"的建议、提案，强调了区块链技术与具体行业领域的结合，注重加快应用场景的落地。

2. 挑战

第一，对区块链的认识有待提升。不少人将区块链等同于虚拟代币，随着各类虚拟代币和 ICO（首次币发行）受到合法性质疑，区块链行业遭到连累和怀疑。第二，对区块链的应用存在误解和担心。一方面，区块链的各方面尚未成熟，其用途和效果被夸大，有泡沫化的倾向。另一方面，参与区块链项目门槛低，使得市场投机氛围浓厚。第三，区块链技术成熟度有待进一步提升，理论研究力量有待加强。现有的区块链技术多数仍处于研究和发展阶段，长期以来以产业界的投入为主，高校、研究机构的参与程度总体不高。第四，现有应用场景有待丰富，认可度有待提高。目前，区块链主要应用于对账、清结算、存证和溯源等场景，应用范围有待进一步拓宽。第五，对标准化的需求日益迫切。当前区块链和分布式记账技术处于技术膨胀期，各行业缺乏核心理念和基本技术共识，行业发展碎片化倾向严重。第六，区块链开发人才稀缺。由于区块链属于一个全新技术领域，在培养出大量合格的成熟区块链开发人员之前,优秀人才的短缺将长期成为区块链技术发展道路上的一大障碍。

对于区块链企业来讲,机遇与挑战并存,目前区块链已经参与到资本市场、货币转汇、银行业务、投票、供应链、资产管理以及自主身份验证等领域。区块链离不开5G、物联网、人工智能、大数据等技术的支持,其未来发展必将与其他新兴信息技术相互融合、相互促进,建立一个价值互联网世界。包括天成通链在内的区块链企业有望从"信任机器"升级为产业浪潮的重要"引擎"。

事物作为矛盾的统一体,都包含着相互对立统一的两个方面,我们不仅要看到"天成通链入驻北京城市副中心"存在的困难与挑战,更要看到它存在的重大意义和光明的未来。实践证明,"天成通链入驻北京城市副中心"符合客观规律,符合技术发展的规律。

(三) 其他方法分析

马克思主义社会科学研究方法中的利益矛盾与利益分析方法、具体问题具体分析方法和社会主体研究方法是解决企业经营过程中出现的各类问题的重要方法。

1. 利益矛盾与利益分析方法

利益问题是人类生存与发展的永恒主题,利益关系和利益矛盾伴随人类社会的始终。马克思曾说,"每一既定社会的经济关系首先表现为利益",分析研究各种利益矛盾,探求各种利益矛盾的途径是马克思主义利益分析方法。当前区块链技术融合发展面临着人为阻碍,包括企业运营中诸多不确定因素的影响。要坚持马克思主义利益分析方法,就是要科学分析各个社会主体思想行为背后的利益动因,分析各种社会现象之间的利益关联,分析不同社会群体的利益倾向、利益关切和利益诉求,建立和完善利益评价机制、利益表达机制、利益协调机制、利益补偿机制等。

2. 具体问题具体分析方法

社会矛盾普遍存在,但每一社会矛盾又是具体的、特殊的。研究社会矛盾必须注重矛盾的特殊性，坚持具体问题具体分析。在企业产品创新等方面遭遇瓶颈时，甚至出现影响企业生死存亡的危机时刻，亟须通过具体问题具体分析方法来把握不同领域矛盾的特殊性，以解决各个领域存在的问题。

3. 社会主体研究方法

运用社会主体研究方法分析和解决社会问题，就是要发挥社会历史主体的作用，坚持"以人民为中心"的价值立场和研究方法。区块链主要涉及企业和群众两类社会主体，要充分发挥二者的主体作用，就要进一步扩大企业和群众在技术上融合的主体范围，引导更多的优秀科技企业参与区块链技术的运用与创新。同时也要做好各类资本的监管，确保科技安全和经济健康有序发展。

三、启示

（一）在实践中检验和发展理论

马克思认为"全部社会生活在本质上是实践的"。实践是社会存在和发展的基础，是认识发生和发展的基础，也是社会科学研究的方法论基础。"思维的真理性并非一个理论问题，而是一个实践问题，人应该在实践中证明自己思维的真理性"，马克思列宁主义并未结束真理，而是在实践中不断开辟认识真理的道路。在实践中发现问题、提出问题，对实践经验进行理论概括和总结，在实践中检验理论和发展理论，是科学研究必须遵循的首要基本原则和基本方法。

（二）坚持社会矛盾分析方法

恩格斯说："蔑视辩证法是不能不受惩罚的。"马克思主义就是以社会生产生活实践为基础，形成的对社会系统的构成要素、历史演变、系统优化等一系列唯物、辩证的方法论原则。相比其他方法，马克思主义的方法论更是一种哲学思维，与具体方法的使用并不冲突，如演绎和归纳中可能需要系统分析思想和矛盾分析思想等。社会是一个系统的存在，但社会也是矛盾的，研究社会就必须研究矛盾，社会矛盾分析方法是社会科学研究的基本方法。再者，社会作为过程而存在，研究社会必须把它作为一个"自然历史过程"来研究。

（三）重视社会主体的历史性活动

社会历史过程是通过社会主体的人的活动而实现的，研究社会历史过程不能不研究社会主体的活动和作用。从社会发展的总体看，只有人民群众才是创造历史的决定力量。作为社会历史主体的人的活动，既包括认识活动，又包括价值活动，是追求真理和追求价值的统一，所以研究社会历史必须重视研究社会认知与社会评价方法，只有站在人民大众的立场上，才能真正做到实事求是的科学认知。世界历史不外乎是人通过人的劳动而诞生的过程，技术经济发展也是人们通过自己的活动而实现的。

（四）把握世界历史的发展趋势

现如今，经济全球化成为不可逆转的趋势，对外开放成为每一个国家和民族经济社会发展的必要条件。随着生产要素等资源的跨国流动和全球化配置，国际经济合作全球化拓展，经济全球化带来的风险也日益加大，社会科学研究必须以开阔的世界眼光观察社会及其历史发展，正确理解全球化的含义，以及历史过程中统一性和多样性的关系等，经济学、区块链技术尤其如此。世界历史理论对系统、主体、利益与矛盾、历史分析方法等的综合运用，不仅有广阔的世界视野，也有深邃的历史眼光，更是一种科学态度。

关于建设北京城市副中心于家务日常综合服务型物流中心的专题研究

管理科学与工程　　王晶晶

《北京城市副中心（通州区）"十四五"时期服务业扩大开放和商务服务业发展规划》（以下简称《规划》）指出，要围绕建设首都物流新发展格局的重要支点、建设城市副中心现代产业集群服务平台、加强民生应急保障能力以及建设京津冀智慧物流协同发展示范基地等目标，在承续全市节点体系基础上，构建地下和地上互为补充、集约高效的"三级＋一网＋应急"智慧高效的现代物流体系，服务商业和民生。

该规划中提出的构建"物流基地＋物流中心＋配送中心"三级物流节点，包括在于家务乡规划建设日常综合服务型物流中心，服务传统实体商业，以加强对城市副中心（通州区）居民日常生活和应急农产品需求的保障能力为主，同时承接八里桥农产品中心批发市场（以下简称"八里桥市场"）农产品批发功能的外移。

一、背景

（一）构建国家新发展格局的需要

北京城市副中心以推动形成"以国内大循环为主体、国内国际双循环相互促进的新发展格局"为基本遵循，围绕"服务业高水平开放—高端商务—商业升级—品质消费—文旅商融合"统筹谋划城市服务业扩大开放和商务服务业高质量发展，将城市副中心（通州区）建设成为服务业高水平开放的核心承载区、国际商务北京新中心、北京东部商业新高地、国际消费中心城市新增长极和国家文旅商融合发展示范区。其中，打造东部商业新高地和建设国际消费中心城市新增长极等，要求形成宜居便利的商业服务圈，优化商业服务业空间布局，集聚优质商业资源，打造智慧高效的现代物流体系，满足居民消费升级需求。

于家务乡日常综合服务型物流中心（以下简称"于家务物流中心"）是构建地下和地上互为补充、集约高效的"三级＋一网＋应急"物流体系建设的重要一环，也是商业服务业空间布局优化的结果，对构建北京城市副中心新发展格局具有重要的战略意义。

（二）京津冀协同发展，建设物流新发展格局的需要

2020 年 3 月，国家发展和改革委员会、北京市人民政府、河北省人民政府发布了《北京市通州区与河北省三河、大厂、香河三县市协同发展规划》，指出北京市通州区与河北省廊坊市三河市、大厂回族自治县以及香河县（以下简称"北三县"）共同位于北京市东部，是京津冀协同发展的重点地区。

河北省现代物流业发展领导小组办公室 2020 年 6 月印发了《河北省智慧物流专项行动计划（2020—2022 年)》，提出要推进京津冀物流数字化协同，以发展数字贸易为契机，依托京津冀庞大市场需求和一体化商贸流通设施，完善优化京津冀跨区域供应链共同治理机制。

通州区于家务乡紧邻京津冀地区，在此地建设日常综合服务型物流中心，能够促进京津冀智慧物流协同发展新格局的构建。

（三）建设北京城市副中心的需要

1. 城市化进程加快的弊端推动城市副中心建设

联合国经济和社会事务部人口司发布的《世界城市化展望》（2018 年修订版）指出，1960 年世界城市化率为 33.6%，而 2020 年世界城市化率则达到了 56.2%，预计到 2030 年世界城市化率将达到 60%。在发展中国家，由于工业化仍处于加速发展阶段，其城市化进程也呈现较快发展的速度，而我国

2021年常住人口城镇化率达到了64.72%，其中北京已经达到了87.5%。

北京市作为千万级人口的大城市在显现其丰富性、便利性的同时，也暴露出人口过度膨胀、功能过度聚集、交通拥堵、环境恶化等"大城市病"。2012年，北京市政府在借鉴东京等国际大都市发展经验和教训的基础上，尝试调整城市空间布局，提出将通州打造成为功能完备的城市副中心。

2. 城市副中心落地通州的鲜明优势

（1）由重点新城向城市副中心转变。1993年，通州被定位为北京14个卫星城之一。2005年，通州新城与顺义新城、亦庄新城成为北京重点发展的三个新城，其中通州新城被定位为"北京未来发展的新城区和城市综合服务中心"，是中心城行政办公、金融贸易等职能的补充配套区，这在所有郊区新城中是绝无仅有的，也是通州成为北京城市副中心的优势所在。

2016年5月，中共中央政治局召开会议，首次研究部署规划建设北京城市副中心。2017年4月，中共中央、国务院决定设立国家级新区河北雄安新区。从此，通州与雄安新区共同成为首都北京新"两翼"。北京城市副中心的建设被称为"千年大计、国家大事"，上升至国家战略高度。作为北京空间规划"一核、两翼"总体布局中的"一翼"，北京城市副中心聚焦行政办公、商务服务、文化旅游三大主导功能，搭建科技创新平台，形成配套完善的城市综合功能，承接北京中心城区40万~50万常住人口的疏解。

（2）人口空间格局变动使得发展重心东移。据统计，2005年以前北京市人口增长速度最快的区域主要分布于北部和西部地区，2005年以后，北京市人口增长速度最快的区域转移到东部地区。比如，朝阳区人口2010年比2000年增加了125万人次，通州区人口2017年比2005年增加了75.3%。此外，燕郊有四五十万人在北京工作。在这种人口格局下，选择通州作为北京的副中心，可以最大限度地减少因通勤而导致的交通拥堵，促进职住平衡。

（四）服务现代产业和民生应急保障的需要

在于家务乡建设综合服务型物流中心的一个功能是承接八里桥市场农产品批发功能的外移。

八里桥市场于 1998 年 8 月建成开业，是由中央企业中商企业集团公司和北京潞运通经贸有限责任公司共同投资 1.5 亿元建立的国家级重点批发市场，是首都"菜篮子"重点工程，是国家经济贸易委员会等八部委倡导的"三绿工程"首批试点批发市场，也是北京市指定的"绿色安全食品专营区"开办市场。

该市场设有农副产品、建材和日用百货三个营业区，经营粮油、果菜、水产品、肉禽蛋、副食、酒水饮料、调料、建材、百货等 10 大类 2 万多个品种，每日进场交易的机动车量达 5000 多辆，商品主供北京并辐射全国 20 多个省、自治区、直辖市，是北京东部地区最大的综合性农产品集散地。

但目前八里桥市场存在交通不便、外来人口集聚、发展空间受限等问题，与北京城市副中心定位不相符。主要原因有三点：一是区位不合理造成交通拥堵。该市场位于通州核心区，紧邻城市中心区，交易流向是从内向外辐射，导致全国车辆要经过通州才能到达市场交易造成交通拥堵。二是土地价值与批发市场定位不符。该市场位于通州城区中心，属于黄金地段，土地价值较高，不适合发展农产品批发市场。三是聚集大量外来人口。该市场当前商户大半是外地商户，导致外地商户及其家属在周边地区大量聚集，造成通州城区中心发展空间受限。而将该市场的批发功能转移至于家务乡，仅需建设一个社区级的供应中心，就能满足当地居民日常生活所需，这不仅符合交易流向自外向内辐射的规律，还能将于家务物流中心的辐射区域扩大到京津冀地区，更能满足其服务现代产业和保障民生的需要。

二、机遇与挑战

（一）发展机遇

1. 国家构建新发展格局下的重大历史机遇

当前，我国加快构建国内国际双循环新发展格局，提出"扩大内需战略"和"自由贸易区提升战略"，意味着我国将在坚持扩大开放的同时，更注重发挥消费对经济发展的基础性作用。

于家务物流中心可以瞄准扩大内需战略，完善功能设施，健全配套设施，建设辐射全国的物流中心，同时抓住建设中国（北京）自由贸易试验区和国际消费中心城市这一重大发展机遇，打造国际化智慧物流中心。

2. 北京市总体规划和"两区"建设下的战略机遇

《北京城市总体规划（2016年—2035年)》强调了北京四个中心的功能定位，明确了"一核一主一副，两轴多点一区"的城市空间结构，提出了疏解非首都核心功能的"减"和以首都为核心的京津冀世界级城市群的"建"，使城市副中心（通州区）成为承接中心城区优质资源和政务、商务、文化等功能转移的重要承载区以及京津冀协同发展的桥头堡，为城市副中心（通州区）商务服务业集聚国际国内高端要素、合理配置资源、优化产业结构、提高发展能级提供了千载难逢的机会。

3. 北京人口重心东移，消费需求增长的发展机遇

随着北京人口重心向东迁移，八里桥市场由于发展空间受限，已经无法满足北京东部地区居民消费需求，还给通州中心城区带来了巨大的交通压力和环境压力。如今通州区、朝阳区以及北三县等地承接了北京市主城区大量人口的疏解，同时带来了庞大的消费需求。而于家务乡位于通州区南部，发展空间广阔，在此建立物流中心既能满足主城区的消费需求，又能满足因人口疏解造成的北三县和北京东部地区人口增长所带来的消费需求。

（二）面临的挑战

1. 国际形势错综复杂

"十四五"时期，外部环境仍然不确定。当前世界正经历百年未有之大变局，经济全球化遭遇逆流，以美国为首的西方国家继续奉行单边主义和贸易保护主义，加上受新冠疫情影响，全球供应链遭遇明显冲击，世界经济下行压力较大。

目前北京城市副中心的生活性服务业的多样化、品质化、数字化、智能化尚处于起步阶段，在复杂的国际形势下，北京城市副中心要打造国际化城市，需要进一步完善产业布局，改变传统的发展模式。就物流方面而言，完

善物流基地建设，构建现代化物流体系，推广智能物流设施和末端配送设施应用，保障居民生活水平向着高品质、多样化升级，助力现代化便民新商圈建设。

2. 国内改革任务艰巨

改革开放40多年来，我国在经济、政治、科技、文化、军事等各个方面都取得了令世界瞩目的辉煌成就，党的十八届三中全会绘就了全面深化改革的宏伟蓝图，标志着我国改革开放进入了一个新的阶段。但迄今为止，党中央提出的各项改革任务还有很多尚未完成，改革任务仍然非常艰巨。在社会瞬息万变的情况下，北京城市副中心的建设，以及于家务物流中心建设都面临前所未有的机遇和挑战。

三、发展前景与路径

（一）发展前景

1. 地处京津冀重点区域，辐射面广

于家务乡距离大兴区以及北三县、天津等地较近，在此地建设日常综合服务型物流中心可以为京津冀地区的农产品交易提供便利，助力京津冀协同发展。

2. 科技农业小镇的天然优势

根据《北京市"十四五"规划纲要》，于家务乡的定位是"种业硅谷、科技农业小城镇"，努力建设种业创新示范区，打造全国农业领域高精尖产业示范基地。于家务乡要抓好"种业"这个第一产业中的"高精尖"，努力打造国家现代种业创新中心和北京城市副中心现代农业产业示范乡镇，形成"一区、一镇、一集群"（"一区"：统筹城乡融合发展示范区；"一镇"：打造科技农业小城镇；"一集群"：打造以种业为引领的千亿级产业集群）新发展格局，促进乡域发展和农民增收致富。于家务物流中心承接八里桥市场农产品批发功能转移，本身有着天然的资源优势。

3. 地价低廉

于家务乡位于通州南部地区，东与永乐店镇相接，南邻大兴区采育镇，

西与马驹桥镇相连，北接张家湾镇，相较于八里桥，其土地价格偏低，且有足够的空间支持建设日常综合服务型物流中心，便于进行区域物流资源的集约，完善配套设施。

（二）发展路径

1. 战略定位

《规划》提出，打造智慧高效的现代物流体系，服务商业和民生，构建"物流基地＋物流中心＋配送中心"三级物流节点，其中于家务物流中心的主要定位是服务传统实体商业，加强对城市副中心（通州区）居民日常生活和应急农产品需求的保障，同时承接八里桥市场农产品批发功能的外移。

2. 主要功能区

作为综合服务型物流中心，于家务乡应具备五个主要功能区，致力于实现展示交易功能、流通加工功能、集中仓储功能、检验检疫功能、配送运输功能、信息发布功能、综合服务功能七大功能。

3. 运行模式

线上线下两个服务平台。线下综合服务平台，在具备基本的物流中心功能基础上，打造集餐饮、商业、娱乐和服务于一体的综合服务型区域，既能满足日常综合服务型物流中心的服务需要，又能提升于家务物流中心的增值服务水平。线上服务平台，则是包括电子交易、结算、商务、物流资源管理等功能的综合服务平台，提供优质、便捷的物流综合服务。

（三）效益分析

1. 有利于完善北京城市副中心功能

北京建设国际商贸中心，北京城市副中心承接了来自主城区的优质资源、政务、商务、文化等功能转移，在于家务乡建设日常综合服务型物流中心，能够使本地及周边地区的农产品交易提高至一个新的水平，增强通州区在华北地区的辐射作用。

2. **有利于疏解通州土地资源压力**

八里桥市场搬迁至于家务乡，缓解了通州土地资源压力，以及交通拥堵的压力。

3. **有利于实现农产品销售集约化管理**

八里桥市场搬迁至于家务乡，有利于扩大农产品批发市场规模，实现农产品销售集约化管理，创造规模效益，减少全国各地农产品运输至北京城市副中心带来的交通拥堵，提高农产品流通效率。

4. **有利于推进农产品流通体系现代化发展**

于家务独特的地理位置、独具特色的科技农业小镇的区域定位，以及京津冀的带动作用，有利于拓宽其农产品的流通渠道，从而推动北京市农产品现代流通体系建设。

四、结语

北京城市副中心的建设是为了缓解北京中心城区的资源、人口、交通等压力，而于家务日常综合服务型物流中心正是因此而诞生，战略定位就是要保障北京市和周边区域的服务和民生。与此同时，于家务物流中心也可借助京津冀协同发展和河北现代智慧物流发展规划的重大机遇，提升自身物流服务水平。此外，于家务乡被定位为"国家种业硅谷，科技农业小镇"，在此建立物流中心能够促进于家务乡的农产品流通，更好地满足北京市及周边地区的居民生活需求。

探析普华永道入驻北京城市副中心

会计学　朱映寰

通州被定位为北京城市副中心后，各类专业服务机构加速聚集。2021 年 5 月 28 日，世界顶级会计师事务所、国际四大会计师事务所之一——普华永道会计师事务所（以下简称"普华永道"）与北京市通州区政府签署战略合作协议，成为首家入驻北京城市副中心的专业服务机构。下面探析普华永道入驻北京城市副中心的动因、挑战与机遇、发展前景与发展路径。

一、北京城市副中心概况

2012 年，在北京市第十一次党代会上，北京市委、市政府明确提出聚焦通州战略，打造功能完备的城市副中心；2015 年《京津冀协同发展规划纲要》颁布实施，北京城市副中心的战略部署正式落地，并在新一轮的北京城市总体规划中体现，城市空间结构正式调整为"一核一主一副、两轴多点一区"。"一核"，即首都功能核心区；"一主"，即中心城区；"一副"，即北京城市副中心；"两轴"，即中轴线及其延长线、长安街及其延长线；"多点"，即 5 个位于平原地区新城；"一区"，即生态涵养区。相比以往的北京城市总体规划，这次总体规划（《北京城市总体规划（2016 年—2035 年）》）确定的北京新的城市空间结构，更加突出首都功能、疏解导向与生态建设，更加明确了"一核一主一副、两轴多点一区"城市空间结构的规划任务：首都功能核心区重组，中心城区疏解提升，北京城市副中心和河北雄安新区形成北京新的两翼，平原地区疏解承接，新城多点支撑，山区生态涵养。

"副中心"并不是大家认为的北京市中心的副中心或者第二个市中心，要想正确理解这个概念，就要从北京市的城市问题以及城市规划说起。1956 年北京城市总体规划中出现了"摊大饼"这一城市问题，并形成了"分散集团"式空间布局的规划思路。2004 年北京城市总体规划提出多中心发展战略，包括中关村、奥林匹克、CBD、亦庄、通州等八个职能中心，但是多职能中心的发展战略收效甚微。北京还引进了建设卫星城的思路，国际上很多城市的发展都采用这种方式，在主城区的周边建设一系列的卫星城，用来承接城市的不同功能，使城市不至于发展得过大，引发城市病。但是卫星城建设项目具体实施后，因为产业难以引入，就业率提高困难，反而因为房价便宜卫星城变成了"睡城"。可见，无论是常规的副中心还是卫星城都无法解决北京的城市问题。因此，北京调整思路，基于更宏观的视角，参照长江三角洲地区和珠江三角洲地区，除了一线特大城市，还有各种中型城市以及小型城镇，梯度化分布使资源合理配置。对标京津冀地区，北京、天津和其他城市之间也需要过渡，由此北京市规划雄安新区和北京城市副中心承接中心城区疏解功能，形成北京新的两翼。

二、普华永道入驻北京城市副中心动因分析

普华永道会计师事务所（PwC）由原来的普华国际会计公司（Price Waterhouse）和永道国际会计公司（Coopers Lybrand）在 1998 年 7 月 1 日合并而成。2008 财年总业务收入为 281 亿美元，比 2007 财年增长 14.0%；现全球共有员工 155000 人。普华永道总部位于英国伦敦，在中国内地的经营实体名字为普华永道中天会计师事务所有限公司（以下简称"普华永道中天"）。普华永道在中国内地、香港及澳门的成员机构根据各地适用的法律协作运营。整体而言，员工总数超过 20000 人，其中包括 800 余名合伙人，分布于北京、上海、香港、沈阳、澳门、海口、珠海、贵阳等城市。

2021 年 4 月，普华永道咨询（北京）有限公司在北京城市副中心注册成立，携全球网络资源、全周期"一站式"专业服务价值链，深度融入北京城市副中心，进行高质量发展建设。此次携手标志着普华永道将与北京城市副中心展开多维度、深层次、宽领域的全面合作，为副中心"两区"建设及打

造经得起历史检验的"千年之城",注入专业新动能。

(一) 行业背景

会计师事务所是指依法独立承担注册会计师业务的中介服务机构。我国对从事证券相关业务的会计师事务所和注册会计师实行许可证管理制度。根据有关部门颁布的《关于注册会计师执行证券、期货相关业务实行许可证管理的暂行规定》,注册会计师必须取得有关部门颁发的执行证券期货相关业务许可证,方可对公开发行和交易股票的企业、证券经营机构和证券交易场所,从事会计报表审计、净资产验证、咨询服务等证券相关业务。

2021 年 5 月,中国注册会计师协会发布了 2020 年度全国业务收入前 150 名会计师事务所名单,普华永道中天位居榜首。根据百强事务所信息,2020 年我国会计师事务所业务收入最高的是普华永道中天,实现业务收入 61.15 亿元;安永华明会计师事务所和德勤华永会计师事务所紧随其后,分列第二、三位,业务收入分别为 47.60 亿元和 39.78 亿元。

(二) 自身动因

作为会计师事务所的翘楚、全球四大审计机构之一,普华永道一直名声在外。据了解,普华永道中天已连续 18 年位列中国注册会计师协会(CICPA)发布的行业百强榜首,2018 年成为 Brand Finance 全球品牌 500 强之一。业绩方面,2020 年普华永道为 420 家(84%)全球财富 500 强公司提供服务。截至 2020 年 6 月 30 日,普华永道全球(财年)收入增至 430 亿美元。

据报道,普华永道中天服务的中国企业有很多,在 2021 年中国企业市值百强榜单中,其参与审计的公司高达 32 家,包括深圳市腾讯计算机系统有限公司、阿里巴巴集团控股有限公司、中国平安保险(集团)股份有限公司、美团(北京三快在线科技有限公司)、中国农业银行、中国移动通信集团有限公司等企业。普华永道中天致力于提供高质量的保证、咨询和税务服务,目标是"建立社会信任并解决重要问题"。

（三）国内动因

北京城市副中心绿色金融的理念为企业提供了广阔的发展空间，也给会计师事务所创造了适宜环境。会计师事务所不应仅仅是为市场经济的服务所，追逐盈利的第三产业，更是担负着历史赋予特定社会职能的市场经济独立主体。为此，可以把会计师事务所当作真正独立的社会中介组织，尽快实现其职能到位。发展会计师事务所是为社会主义市场经济奠基，实现政府职能转换，构建市场经济机制，重新调整社会分工，促进国家政治体制改革的一个重要步骤。

运河商务区，是北京城市副中心金融和高端商务功能的主要承载地和拉开城市框架的核心起步区。运河商务区作为北京城市副中心重点打造的高端金融服务功能区，重点承接面向京津冀协同发展的金融增值业务和金融改革开放的增量资源，一批符合功能定位的首创性、标志性金融项目加快落户，现已聚集了 320 余家银行、保险、证券、基金、保理等金融机构。

2021 年 11 月国务院印发《关于支持北京城市副中心高质量发展的意见》（以下简称《意见》），该区域又因被赋予了绿色金融产业发展的重任而成为 ESG 相关产业圈的关注焦点。《意见》提出鼓励金融机构依法设立绿色金融专门机构，设立国际绿色投资集团，推动北京绿色交易所在承担全国自愿减排等碳交易中心功能的基础上，升级为面向全球的国家级绿色交易所，建设绿色金融和可持续金融中心，以及研究审慎开展绿色债券、绿色股权投融资业务等多条相关具体支持措施，其产业指向已经非常明确。

北京城市副中心的建设是符合 ESG 理念的可持续发展，而相关产业极有可能围绕运河商务区进行布局。ESG 理念倡导在投资决策过程中充分考虑环境、社会和公司治理因素，这些因素是评估企业或经济体在促进经济可持续发展、履行社会责任方面贡献的重要指标，目前已经成为国际资本市场中的主流投资决策要素。显而易见，ESG 理念与运河商务区的绿色低碳产业定位极为匹配，而该区域的招商团队无疑也注意到了这一点，并已经加速布局落子。

截至 2021 年年底，包括北京绿色交易所有限公司、北京绿色金融与可持续发展研究院、中美绿色基金管理有限公司、北京北创绿色低碳科技创业投资基金中心（有限合伙）、中国三峡新能源（集团）股份有限公司、国投信开水环境投资有限公司等一批以绿色、双碳为特色的 ESG 产业主体已经在运河商务区集聚，其中中国三峡新能源（集团）股份有限公司（600905）在上海证券交易所上市首日就突破千亿市值，成为北京城市副中心首家绿色概念上市公司。

三、挑战与机遇分析

（一）挑战

1. 审计质量有待提高

品牌维护方面，要提供审计质量，以维护其品牌形象。审计行业与其他行业一样，品牌的创立都要依靠过硬的质量和优质的配套服务。会计师事务所品牌的创立受诸多因素的影响，但归根结底要靠质量。审计质量的不可直接观测性使得审计质量的评价成本太高，为降低评价成本，需要寻找质量评价的替代品。会计师事务所的规模便是市场选择的低成本的替代品之一。

2. 受到监管

国际性事务所在进入其他国家市场时会受当地法律法规的制约，并受当地政府的监管，普华永道也不例外。我国当地政府会采取保护本土事务所的政策，对其不利于我国的发展行为进行监管。

3. 管理难题

普华永道规模较大，全球分所太多，存在管理难题。

（二）机遇

在 2020 年中国国际服务贸易交易会上，普华永道与中国发展研究基金会联合发布的《机遇之城 2020》报告显示，"北上广深"排名前四，在各个观察维度中展现了领先优势；"新一线"城市中成都、郑州表现亮眼。10 个维度中，北京在智力资本和创新、技术成熟度、区域重要城市、文化与生活、经济影响力以及宜商环境六个维度排名前五。

北京城市副中心作为北京城市规划的重要战略部署，承载了较多的希冀，享受着多方面的政策支持以及优势资源。所以，普华永道入驻北京城市副中心既充满挑战，又面临重大机遇。

四、发展前景分析

2021 年 6 月，普华永道宣布全新战略"新方程：信任 + 成就"（以下简称"新方程"战略）。这一具有开创性里程碑意义的全球战略是为了应对全球的重大变化，如科技颠覆、气候变化、地缘政治以及新冠疫情所带来的持续影响。同时，未来五年内，普华永道全球网络将投资 120 亿美元，预计创造 10 万余个新工作机会，持续全面赋能合伙人及员工未来技能以驾驭新时代的挑战。

普华永道全球主席罗浩智（Robert E. Moritz）表示："世界形势正在发生深刻的变化，政府、企业和机构若要取得持续成功，需要在不断赢取信任和缔造持续成就之间建立良性循环。我们的规模化全球投入、专业优势整合、高品质坚持，让我们能够助力企业所有者、各利益相关方和更广的社会层面发掘和创造新的价值。"

一直以来，普华永道在全球的持续发展及稳健增长中积极探索，"新方程"战略建立在其对全球趋势洞察分析以及与客户、各利益相关方的深入对话基础之上，聚焦于客户未来几年所面临的相互关联的两大关键需求。

第一大需求是建立和获取信任。当下，信任对于政府、企业和机构具有前所未有的重要意义，但获取信任面临着更为严峻的挑战。普华永道应当就其利益相关方关心的重要领域共创解决方案，并在领导层思维、企业文化变革、运营系统及其远大目标上做出根本转变，方能赢取信任。

政府、企业和机构正面临比以往任何时候都更加激烈的挑战、前所未有的颠覆性、极高的社会期待。所以，第二大需求是在竞争和不确定性加剧的大环境中缔造持续成就。普华永道需要寻求更快更彻底的变革以吸引资金、人才和客户，片面的转型计划往往无法实现所允诺之结果，探寻新的解决方案势在必行。

"十四五"时期，北京城市副中心将全面建成以数字经济为方向，以绿色经济为特征的现代产业体系。普华永道将以"协同创新、重塑未来"的发展理念，引入全周期服务、全业务线整合的"综合服务包"，助力北京城市副中心在"智慧城市""产业升级""绿色发展""京津冀协同发展""服务业扩大开放及自贸区建设"等领域取得更大突破，为将北京城市副中心打造成为智慧、开放、绿色、活力、宜居的未来之城，做出更多更大贡献。

五、发展路径分析

（一）推进科技赋能策略

自 2017 年 9 月《北京城市总体规划（2016 年—2035 年）》明确北京城市副中心建设以来，普华永道积极响应，从招商引资、区域战略设计，到自贸区政策分析及专项培训，积极投入资源，支持副中心政策研讨及政府工作会议近百场，为区域高质量发展赋能献策、协同创新。

当前北京城市副中心建设取得重要成果，城市框架加快构建，金融生态圈、现代产业集群、总部经济效应加速形成。2020 年，通州区累计入驻高新技术企业 1000 余家，另有 186 家新设立亿元以上规模企业、1.7 万家新设市场主体落户，注册资金额增速位列北京市第一。

据了解，普华永道下一阶段计划在以下方面增加投资。

1. 环境、社会和公司治理（ESG）

普华永道将扩充其环境、社会和公司治理（ESG）创智中心，扩大 ESG 及其相关话题包括气候风险、供应链等领域的专业团队。同时，还将创建全球 ESG 研究院以赋能合伙人和员工将 ESG 概念纳入并整合到他们的工作中。

2. 聚焦质量

普华永道继续加大相关投资力度以提升服务质量，计划投资 10 亿美元用以加快数字化发展，进一步推动审计质控框架自动化建设。同时，普华永道还将构建面向未来的审计交付模型，预计需要更多的数据类型、更广泛的风险评估范畴以及更全面的非财务信息整合。该模型建立在严谨的方法论及专业培训基础之上，为客户持续提供优质服务。

3. **创建领导力学院**

身处快速变革时代，企业领导者需要新技能来帮助其快速应对挑战、化不确定性为机遇、打造包容性文化以及拥抱变革。新创建的领导力学院将成为普华永道客户及利益相关方的全力后援，第一所领导力学院将设在美国并计划赋能 1 万名以上的企业家，助力企业高管、领导层、董事会成员等商业领袖间建立信任。此外，普华永道计划在亚太地区创建一所领导力学院，助力亚太地区商业领袖之间建立信任。

4. **推进科技赋能**

普华永道将继续推进以人为本，科技赋能的策略，快速扩展其对云技术、人工智能、虚拟现实和其他新兴科技的运用，致力于为客户提供洞察并提升其竞争优势。此外，普华永道全球网络还将加快科技产品的部署和运用，以支持无缝合作并赋能员工实现流程自动化。这些产品和流程自动化将变革客户体验，推动产生新的商业洞察和价值。

（二）加速布局亚太地区

未来五年内，普华永道计划在亚太地区投资 30 亿美元用以谋划布局，以便更好地服务客户。预计"新方程"战略将大大加速普华永道在亚太地区的业务增长，到 2026 年实现业务量双倍目标，并保持亚太地区的市场领导者地位。

未来普华永道在亚太地区创建的领导力学院，除了协助企业领导层建立信任，还将针对该地区设置人才发展及领导力培育内容。此外，普华永道计划在亚太地区加大环境、社会和公司治理（ESG）、数字化转型、并购和交易价值创造、鉴证业务（不仅是对财务报表）等重要战略领域的资金投入，同时增强亚太地区交付中心客户服务的能力。

罗浩智说："为实现我们的目标，我们正在调动全方位专业团队，积极通过科技和专业化深度来赋能，持续进化我们的工作方式，拓展属于未来最重要的领域能力，我们将坚定不移地维持对质量的承诺，以客制化解决方案最大化地整合企业所有者、利益相关方和全社会的期望。"

为实施"新方程"战略，普华永道将陆续宣布相关布局及计划，以满足中国客户和利益相关方的需求。

（三）承诺实现净零排放

2020 年，普华永道率先承诺到 2030 年实现全球温室气体净零排放，这一承诺涉及商业模式变革以及价值链脱碳。目前，普华永道全球网络就这一承诺全体动员，积极行动。普华永道向科学碳目标倡议（SBTi）组织提交了科学减碳目标，同时每个成员机构任命了一名净零排放负责人，以推动各地净零排放计划有效实施。

基于世界经济论坛、国际工商理事会相关指标，普华永道积极响应世界可持续发展号召，扩展相关报告范围，提升自身运营的透明度。

赵柏基认为，中国提出"双碳"目标把气候治理上升至前所未有的高度，"十四五"规划期也是加速"脱碳"的关键时期。根据普华永道《2020 年净零排放经济发展指数》测算，要付出两倍以上的努力才能实现既定的温升目标。因此，除了优化自身运营，普华永道把帮助客户低碳转型作为重点之一，并开发了"碳中和"管理方案和多种数字化工具，全方位助力企业可持续发展。

（四）多元化经营

国际会计师联合会（International Federation of Accountants，IFAC）指出会计师事务所应实现多元化经营，提供多种服务。业务的多元化有助于更好地满足市场需求，以不同的视角发现和解决问题，吸引具有不同经验的人才，从而提高审计质量、维护公众利益。

中国注册会计师协会认为，当前行业信息化建设取得了阶段性成果，信息化是当今世界经济和社会发展的大趋势，已经成为推动行业发展的新支撑和新动力。目前我国基本建成了中国注册会计师协会协同办公系统，2013 年开始，该系统为全行业提供法律法规库和经济数据库在线服务。全国 92% 的大型事务所建成了审计作业系统；76% 的大型事务所在日常工作中采用了内部管理和项目管理信息系统；部分大型事务所已经开始建设机器人流程自动化（RPA）工具、智能文档审阅平台、共享中心等，实现了对人工智能、大数据、云计算等前沿信息技术的融合应用。

《注册会计师行业信息化建设规划（2021—2025 年)》提出，会计师事务所行业信息化未来五年建设目标为标准化、数字化、网络化、智能化。相关专家指出，随着智能化的实施推进，会计师事务所竞争中会出现明显的"马太效应"，尽早实施智能化的会计师事务所，其业务会越做越好，资源会越来越丰富，项目经验会越来越多。没有实施智能化的会计师事务所未来在市场中会举步维艰，获取新项目的难度也会越来越大。因此，是否实施智能化将成为决定会计师事务所生死存亡的关键因素。

基于"五大原则"浅析环球影城落址通州问题

管理科学与工程　易　欢

一、客观性原则

北京与上海是中国的两大都市，一个是政治中心，一个是经济中心，其经济总量、人口规模、社会发展程度等不但接近而且明显高于其他城市和地区。因此，像环球影城、迪士尼这样的国际顶级大型主题公园项目自然会把北京与上海作为落户首选。上海迪士尼项目在 2009 年通过审批，2011 年主体工程正式动工，2016 年正式开园。迪士尼良好的品牌认可度吸引了大量本地与外地游客（特别是南方游客）入沪，迪士尼乐园成为上海旅游的标志性景点。如果环球影城选址上海，其辐射范围与上海迪士尼乐园重合，二者势必要争夺游客。此外，鉴于大型主题公园占地面积庞大，对于寸土寸金的上海来说有一定的压力。在这方面日本的做法值得参考，迪士尼选址东京，而环球影城则落户大阪，一方面两个主题公园分别成为当地的标志性景点，助推区域旅游产业的发展；另一方面又可以避开竞争，辐射关东与关西地区。

相比之下，北京在世界知名主题公园品牌的引进上处于空白，其旅游产业给人的第一印象向来都是以长城、故宫等为代表的名胜古迹。因此北京需要一个现代化、国际化的旅游项目来丰富本地人民生活。另外，从康卡斯特NBC 环球公司角度出发，作为首都的北京是中国的政治、经济与文化中心，选址北京不但可以激活相对闲置的北京市场，避免与上海迪士尼乐园辐射半径的重合；从长远来看，北京作为影视业发展的重要城市，通过环球影城项目可以为未来双方在影视传媒产业深度合作搭建良好的平台。

基于以上因素，北京无疑是环球影城项目落户的最佳选择。就目前北京发展状况和城市整体布局来看，北京四环以内的区域建筑密度较高，而相比亦庄等其他近郊区域，通州则具备巨大优势，因此成为环球影城落户的不二选择。通州地处北京规划发展的东西轴线与两个发展带的交点，紧邻北京CBD，承载着北京中心城区功能战略转移的重要任务，其相对低廉的土地成本无疑对北京环球影城项目产生巨大的吸引力。此外，北京地铁七号线东延线及其他辅助交通设施未来将与该项目连接，随着公共交通系统的不断优化，项目的整体运营环境将得到改善。

二、发展性原则

美国、日本、新加坡都有环球影城，所以不少人都盼着中国能有一座环球影城，期待着在这个规模庞大的主题公园中领略中西方交融的特色文化。然而自从北京环球影城落户通州的消息传出后，人们就进入了漫长的等待期。早在2001年年初，北京环球影城项目开始酝酿，但是由于当时国家宏观政策的调整，这个项目就暂缓了。直到2014年9月，国家发展和改革委员会正式批复了北京环球影城项目的立项报告，项目正式进入设计、规划和启动阶段，经过交通设施、用地规划和环境等各个方面的严格论证，最终该项目落址通州。

2020年，北京环球影城项目建设进行到全面建设的关键时期，突如其来的新冠疫情对工程建设造成了很大的影响：一方面，从国外进口的设备特别是集成设备无法按时送达；另一方面，随着新冠疫情在全球加速蔓延，负责设备安装、调试和试运行的国外厂家技术人员到位非常困难。关键时刻，在北京市委、市政府的支持下，有关人员火速协调我国驻外使领馆，采取包机等方式帮助900多名外方技术人员如期抵达北京环球影城开展设备调试工作，正是因为有了政府相关部门主动送来的"服务包"和有力的疫情应对举措，项目主体于2021年年底如期完成建设。二十年的时间跨度虽然很长，但最终项目完成了。

北京城市副中心的产业规模蓝图主要包括四大产业：行政办公、高端商务、文化旅游和科技创新。行政办公的主角是北京四大班子，皆已东迁至通州。目前行政办公二期搬迁工作将于 2025 年前完成。高端商务的主角则是运河商务区。官方消息显示，目前运河商务区已集聚了 320 余家银行、保险、证券、基金、保理等金融企业。值得注意的是，运河商务区的产业定位是"金融＋总部"，主打方向是"国际财富管理＋绿色金融"，区内有 1379 万平方米的产业空间，相当于 3 个上海陆家嘴的体量。此外，通州以此对标英国伦敦的金丝雀码头，因为金丝雀码头是英国首都的副中心。通州文化旅游产业的佼佼者当然就是环球影城。环球影城的落地，使通州的文化旅游板块形成"北有宋庄、中有环球影城、南有台湖演艺小镇＋张家湾设计小镇"的格局。科技创新领域，伴随台马与亦庄的一体化，通州和亦庄合力打造台马科技板块的政策架构已建成。自此，通州的四大支柱产业架构全面落地生根，通州的产业副中心时代正式开启。

三、整体性原则

北京环球影城的开业，将重新塑造中国旅游业的全新格局。从此，中国的顶级度假乐园市场形成了"北有环球影城，南有迪士尼"的双雄争霸格局。中国北方旅游市场缺乏重量级主题公园的局面一举被打破。通州的文化旅游，以北京环球影城为龙头，以北部的宋庄和南部的台湖演艺小镇＋张家湾设计小镇为两翼，后来者居上，渐渐领跑整个北方的文化旅游业。从整个北京来看，文化旅游业将成为北京进一步发展服务业和建立国际消费中心城市的有力突破口。北京环球影城中方主要股东首旅集团董事长宋宇曾对外透露，开园以后，预计北京环球影城每年接待游客数量在 1000 万～1200 万人次。值得注意的是，与迪士尼一样，环球影城也是分批次逐步开放所有景区，每过一段时间就会开放一个新的景区。北京环球影城分三期开发，开发时间近 10 年之久。待三期全部完成后，每年的游客量将达 3000 万人次。北京环球影城是继奥兰多环球影城、大阪环球影城、好莱坞环球影城和新加坡环球影城之后，全球第五座环球主题公园，也是迄今为止全球环球主题公园中规模最大的一座，差不多是上海迪士尼乐园规模的四倍。在北京环球影城的加持下，通州将成为北京的文化旅游热门之地。

四、具体性原则

此前的招聘信息显示，北京环球影城将招聘 14000 多名员工，而这个数量伴随后期相关文旅项目的逐步落地，还会继续增加。据悉，类似规模的主题公园还可以带来约 5.5 倍的间接就业。之所以带来如此大规模的间接就业，是因为北京环球影城的溢出效应预计覆盖 70 余个门类、百余个上下游产业，最终形成"文化 + 旅游 + 科技"的大文旅全产业链条。北京环球影城的开园，也会助热通州周边非竞争旅游景点。在 1000 万 ~ 3000 万人次的游客中，不少游客会选择线性化旅游，而非点式化旅游，游客在北京环球影城游玩完后，也可能去周围景点游玩。上海市信息中心发布的报告显示，上海迪士尼乐园首年开园后，带动了上海其他景点爆发式增长，如东方明珠接待人数迅速增长了 16%。究其原因，上海迪士尼乐园吸引了本地之外的大量游客，而这些非本地游客在逛完迪士尼后，大概率也会去其他景点转一转，以增加这一次旅游的"性价比"。预计北京环球影城也会出现类似情况。

五、主体性原则

北京环球影城将为通州区和河北省廊坊北三县（河市、大厂回族自治县、香河县）的楼市带来大量的潜在客户。主要价值有以下几点：其一，巨大的区域品牌价值。这一点可参考上海迪士尼乐园。在巨大的客流价值加持下，上海迪士尼乐园将上海的郊区硬生生地带成"热点区域"和"网红区域"。北京环球影城开园后，迅速成为游客的打卡地，足以证明其影响力。其二，改善区域交通和完善商业网络。庞大的客流量，必然催生密集的交通网络并逐步完善区域商业网络。北京环球影城北综合交通枢纽和通马路交通枢纽预计 2024 年年底竣工，这两条交通枢纽也是北京城市副中心两大重要交通枢纽。北京环球影城是一个典型的集零售、餐饮、娱乐于一体的商业综合体。而交通的发达和商业的密集化，会助推区域价值的提升。其三，实实在在的楼市潜在客户。包括租客和刚需购房客。值得注意的是，北京环球影城直接或间接带来了庞大的就业人群，一定会催生大量的刚需租房者和刚需购房者。此外，就业人群中主要是普通服务人员，并不是中高端收入者。因此必然会导致大量的溢出需求，包括去近在咫尺的北三县的潜在购房者和潜在租房者。在北三县中，距离环球影城最近的是大厂潮白，自驾车差不多 18 千米，其次是燕郊（约 24 千米）和香河北部新城（约 30 千米）。其四，提升周边商业地产的价值。北京环球影城每年 1000 万~3000 万人次的客流量会产生巨大的消费需求，从而带动周边经济，激发周边实体经济活力。数据显示，2021 年 9 月 14 日北京环球影城门票正式开售后，北京环球影城附近酒店搜索量比前一时段增长超 7 倍。相应地，周边酒店价格也跟着全面上涨，尤其中秋节和国庆节假期，部分酒店价格上涨甚至超过 100%。2022 年 5 月，北京环球影城因疫情管控宣布闭园，闭园两个月后，再次迎来开园，这次开园不仅是环球影城本身新的开始，也是通州文化旅游业的新起点。伴随着千万级别人流的蜂拥而入，通州的产业副中心时代悄然到来了。

六、前景之展望

我们不能简单地把北京环球影城单纯理解为一个游乐场或一个度假村。环球影城带来的不只是小黄人和变形金刚等 IP 形象，更有美国好莱坞影视与文化产业的理念以及中美文化交流的良好平台，有利于促进我国影视传媒和文化创意产业的发展和优化。当然，一个好的大型商业项目毫无疑问会促进当地基础设施特别是交通系统的完善和优化。北京环球影城项目的建设，将加快通州新城规划的实施，以及项目所处的文化旅游区周边的市政设施、交通路网、环境绿化等配套设施的建设和完善。2023 年 2 月，北京东六环改造工程施园立交至环球东立交段正式完工通车，轨道交通不断完善，进一步加强了通州与市区的联系，使居民出行更便利。不仅如此，北京环球影城项目的不断建设，对周边地区的房价将产生持续拉动作用。

国家发展和改革委员会批准这一项目不仅体现了决策者的智慧，而且对北京的旅游发展具有里程碑意义。虽然北京近些年在体制改革和旅游总量方面走在全国前列，但也存在值得担忧的结构性问题。北京旅游的结构性问题导致北京旅游总量大、质量低，观光为主、休闲娱乐不足，总体消费高、人均消费低，亟须带来新的旅游产品。北京环球影城项目将助力北京文化旅游产业的升级，同时推动通州形成北方娱乐中心，助力京津冀一体化发展。

通州地理位置优越，与河北燕郊、承德、唐山相近，与北方工业中心城市天津也相距不远，并且向南辐射山东，向北辐射东北，是环渤海区域的重要节点。北方历来是工业和农业相对发达，第三产业和娱乐业发展不足，而北京环球影城项目很好地填补了这一空白，对环渤海地区、东北地区甚至华北地区形成了战略吸引和产业互补。通州作为环渤海地区的重要节点，在发展文化创意产业和时尚旅游方面可以起到龙头带动作用，一方面通过北京环球影城项目的大制作和高水平运作可以带动环渤海地区的文化旅游产业的挖掘和创新；另一方面通过北京环球影城项目的运作可以孵化新的文化创意产业、数字技术、动漫技术等，传统产业的广告业、会展业、商贸业也会有很大的发展空间。环渤海地区的城市可以抓住这一历史机遇，主动承接新兴产业的转移，改造传统产业或者为新产业腾笼换鸟。如果北京环球影城项目规划得当，相关配套设施完善，通州完全有可能成为北方的娱乐中心，这不仅使环渤海地区的城市受益，而且使北京的旅游迈上一个更大的台阶。

以北京山魈映画科技有限公司的入驻透视北京城市副中心建设

物联网工程与技术　郭童洁

北京山魈映画科技有限公司（以下简称"山魈映画"）于 2022 年落户通州，成为北京城市副中心元宇宙应用创新中心的首批建设者。

本文笔者将全面细致地分析该企业入驻北京城市副中心的动因、机遇与挑战、发展前景与发展路径。

一、山魈映画入驻北京城市副中心的动因

（一）内因

1. 自身发展

山魈映画落户通州，不仅有利于自身发展，更有利于元宇宙概念的传播。除此之外，还能更好地与周边的文旅产业结合，相互促进，刺激市场，给企业自身带来利润与机遇。

2. 行业内发展

通州作为北京城市副中心，为吸引优质科技企业入驻，颁布了一系列利好政策。山魈映画是北京城市副中心元宇宙应用创新中心的首批建设者，因此可以获得更多的政策扶持和丰富的资源，还能与其他产业进行融合，促进自身的蓬勃发展。

（二）外因

1. 政策导向

近年来，我国把人工智能上升到国家战略高度，体现了我国发展战略性新兴产业的决心。在人工智能、虚拟现实、移动互联网、物联网、区块链等领域密集出台相关政策，更是促进了智能科技产业的发展。元宇宙由增强现实/虚拟现实（AR/VR）、区块链技术、交互技术和互联网等组成，国家政策支持智能科技产业发展，利好元宇宙相关行业发展。《商务部等 8 单位关于开展全国供应链创新与应用示范创建工作的通知》《"双千兆"网络协同发展行动计划（2021—2023 年)》《关于扩大战略性新兴产业投资 培育壮大新增长点增长极的指导意见》等政策将助推元宇宙相关行业不断发展。

"十四五"规划时期，北京城市副中心针对城市治理规划提出加强科技支撑，提升城市智慧运行水平。这就要求推动城市运行大数据深度共享和城市大脑全域覆盖，实现城市治理数字化转型升级。一是打造场景式、浸入式的智慧城市应用系统，结合 5G 布设，开展全区重点道路智能灯杆建设；推动智慧交通建设，实现全区重点路口信号灯联网联控与配时优化全覆盖；建设全区智慧能源云平台，实施"多表合一"专项行动；建成区级地下综合管廊智慧监管平台，实现地下空间一张网。二是建设深度融合、开放共享的城市运行大数据系统，分权限分层次推进城市运行数据开放共享，打造开放、共享、惠民的特色数据共享格局。三是构建智能高效、全领域覆盖的城市大脑体系，以及"一图一脑多平台"的智慧城市管理指挥系统，推动数据服务向乡镇、街道延伸，实现城市运行"一网统管"。四是提升信息内容产业创新活力。依托北京城市副中心特色文旅资源，结合虚拟现实、5G＋8K、AI、人机交互等技术，围绕数字游戏、互动娱乐、影视动漫、数字出版等，在张家湾设计小镇、宋庄艺术小镇吸引聚集一批数字内容制作与传播企业、平台。

2. 消费者需求

娱乐和社交方式迎来新的突破点，同时代际更迭，互联网世代（Z 世代）开始重视精神消费。精神消费是相对于物质消费而言的一种消费行为。相比较于传统的物质消费方式，精神消费追求无形的人类劳动成果。在元宇宙技术的作用下，能够实现突破现有线上线下消费方式中的种种壁垒，打造更加便捷、更加自由、更加自主的消费体验，形成以需求为中心的新型消费方式。同时也能够打通线上消费中的灰色信息地带，克服交易双方信息不对称、单向度传播的局限，实现以消费者为中心的多元选择。

在元宇宙消费场景下，消费者的需求满足将不只停留在现实层面。元宇宙具身沉浸、虚实交互的特性将使消费价值上升到更高维度。数字虚拟场景为潜在消费创造了更多机遇，也为消费者提供了实体消费无法提供且更为丰富的消费选择。

3. 周边环境

"元宇宙"概念大火后，各个互联网企业都在争先恐后地抢占先机，通州作为北京城市副中心，拥有更多的资源与优势。同时新兴产业的入驻也能够加速通州区的发展，实现互惠共赢。

二、山魈映画当前发展中的机遇与面临的挑战

（一）机遇

山魈映画要敏锐把握我国加快科技发展、推动产业化升级带来的各种机遇，"要抓住产业数字化、数字产业化赋予的机遇，加快5G网络、数据中心等新型基础设施建设，抓紧布局数字经济、生命健康、新材料等战略性新兴产业、未来产业"。跟随政策导向，发挥企业优势，带动元宇宙行业走向辉煌。

（二）挑战

对待新鲜事物，保持好奇和探索的同时，也要保留审慎和理性。我们必须清晰认识到，当前的元宇宙正处于起步阶段，潜力巨大，但它的发展将面临诸多挑战。

1. 社会接受度

这是任何新兴行业都面临的一个问题。社会大众是否能够接受元宇宙，

在于行业的潜在风险、伦理道德等诸多因素。正如生物克隆技术面临的伦理道德、人工智能面临的"智械危机"思考等，都会在一定程度上限制行业的发展。

　　元宇宙本质上是一个虚拟世界，相比于沉浸在虚拟世界中，当前更多的人倾向于将时间花费在现实世界中。硅谷风投基金 Loup Funds 调查显示，如果虚拟世界比现实世界有更好的体验，69% 的人愿意花费更多时间在虚拟世界，但如果体验不如现实世界，52.4% 的人认为将时间花费在现实世界更有意义。社会大众对虚拟世界的接受度很大程度上将会决定元宇宙企业的发展速度，如何提供更加丰富和有趣的虚拟体验，是元宇宙企业亟须解决的问题。

2. 资本垄断

　　垄断对于所有行业而言都是一个不健康的发展状态，特别是对于元宇宙行业，资本垄断将会是一个致命的问题。因为元宇宙构建的是一个"平行世界"，所谓世界，最基本的要求便是自由和个人权益保障，而在资本垄断下，这些都将难以实现。

　　不是任何一家企业都可以靠元宇宙成功的，因为资金投入较大，许多中小型企业往往难以承受。据报道，北京字节跳动科技有限公司为了进军元宇宙领域，耗资 90 亿元收购高科技公司 Pico；宣称"五年之内转型为元宇宙公司"的 Facebook，也宣布每年将投入 50 亿美元的资金开发元宇宙。高投入让这些大型企业率先占领了元宇宙市场，并形成垄断局面。这是元宇宙行业发展必须解决的一个问题。实践发现，区块链的去中心化模式可以有效解决垄断问题，但绝对去中心化又脱离了社会的基本现状，是不合理的，因此需要在区块链去中心化与绝对去中心化之间找到一个有效的平衡点。

3. 数据安全

　　元宇宙是一个由数据构成的虚拟世界，因此，数据安全问题如同现实社会中的生命财产安全一样重要。传统互联网大数据隐私与安全保护趋势很不乐观，这是元宇宙企业迟迟未能发展的一个重要原因。

4. 政治层面

　　元宇宙可能成为一国政治思潮和社会文化的组成部分，对一国的政治安全和文化安全带来潜移默化的影响。由于在立法、管理等方面无经验可以借鉴，很多制度层面的设计需要经历"从无到有"的孕育。

5. 经济层面

元宇宙将带来数字生态的产业更替，一些在数字创意上具有先发优势或历史积淀的国家可能更适应元宇宙转型过程，而一些国家可能面临他国元宇宙生态对于本国文化和数字经济的竞争，一些元宇宙数字体验较差的企业和产业可能面临被淘汰的风险。此外，元宇宙也可能成为经济犯罪、腐败的新渠道。

元宇宙行业的发展并不是一蹴而就的，而是一步一个脚印踏实走出来的。当前元宇宙行业正处于初生阶段，许多结构和框架还不成熟，然而，元宇宙是大势所趋，尽管现在面临诸多挑战，但这些都不能阻挡元宇宙行业的发展。相信在不久的未来，随着各种技术的进一步完善，这些问题都将迎刃而解。

三、山魈映画的发展前景与发展路径

（一）发展前景

未来，山魈映画将以"数字+科技+管理"为核心理念，自主研发生产流程管理软件，带动产业链上下游供需对接、高效协同、生态建设，助推元宇宙创新企业高速发展。

据了解，山魈映画旗下的山魈映画视效（北京）科技有限公司，曾参与《长津湖》《战狼》《狼图腾》等 200 多部影视作品的制作。

张家湾设计小镇方面也披露，随着山魈映画落户通州，其将专注探索 Web3.0 时代数字经济发展，针对虚拟直播间、虚拟形象和虚拟空间打造等推出"一站式"内容、资源、技术和服务生态，全面推进元宇宙相关业务的探索和落地。

今后，山魈映画将围绕虚拟业务开展探究，加速元宇宙领域相关布局，带动产业链上下游共同促进供需对接、推动技术创新、加强应用推广、推进产业发展，探索北京城市副中心元宇宙技术的新体验场景和元宇宙产业集群构建，助推北京城市副中心数字产业化与产业数字化不断迈上新台阶。从以上各方面来看，山魈映画的发展前景相对来说是好的。

（二）发展路径

1. 游戏行业

元宇宙技术已经影响到各行各业，其中，游戏行业是目前受元宇宙影响最大的行业。许多游戏都有基于某个虚拟故事的背景，如《荣耀之王》《英雄联盟》《原神》《哈利·波特》《斗罗大陆》《完美世界》等。虚实相生的科幻世界也催生了《黑客帝国》《头号玩家》《失控玩家》等电影及《西部世界》等电视剧。虽然元宇宙已经流行了相当一段时间，但事实上，科技界对元宇宙并没有公认的权威定义。

2. 文旅行业

山魈映画可以重塑文旅行业的产品与服务，同时文旅行业也应该重视元宇宙的发展方向。比如，在元宇宙中与偶像面对面。2021 年 11 月，迪士尼CEO 鲍勃·查佩克（Bob Chapek）在与卡夫食品集团 CEO 罗伯特·卡夫（Robert Kraft）的对谈中暗示，元宇宙将是迪士尼的未来。他坚信元宇宙是下一代的发展方向，并表示"粉丝们有望在元宇宙中与迪士尼公主共进午餐"。未来，元宇宙行业或许能实现虚拟与真实的结合，让消费者同自己的偶像，比如与迈克尔·杰克逊一起跳舞，与科比·布莱恩特展开篮球比赛，也可以同李白、杜甫一起吟诗作对，在徐霞客的引导和讲解下去爬山徒步……这些可能让文旅行业看到了更多消费变现的空间。

山魈映画可以改变重资产文旅模式以及文旅供给侧的超重资产模式，彻底颠覆行业的游戏规则。金东数字创意股份有限公司在青岛电视塔和广州"小蛮腰"上的两次元宇宙实践证明了通过百万元级别的投入，可以产生破亿的关注和点击量，如果能够获得私域流量，那么变现将变得大有可能。在重资产投资回报率难以跑赢银行利息的时代，元宇宙企业可能带来一场文旅变革。

NFT（Non - Fungible Token，非同质化代币）的文旅变现场景。NFT 数字

藏品作为区块链的一个重要应用，在赋能地方文旅领域将起到重要作用，像故宫、三星堆等大 IP 的 NFT 拥有巨大发展空间。如为北京冬奥会加油助力，大力宣传推广冰雪运动，2021 年年底《国潮故宫冰嬉图》系列 NFT 以盲盒形式发售，每份价格 29.9 元，总发售数量 35000 份。《国潮故宫冰嬉图》系列 NFT 以故宫藏画《冰嬉图》为基础，用中国书法的笔触和泼墨晕染的方法，巧妙地将奥运五种颜色融入其中，形成水墨画的背景，色彩明快，使《冰嬉图》焕发新貌。通过这种艺术创作，"故宫里的冬奥会"被搬到大众面前，引领大众共同探索神秘而未知的数字艺术世界。再如西安曲江大唐不夜城文化商业（集团）有限公司高调宣布将打造历史文化元宇宙项目，随后由其与西安数字光年软件开发有限公司联合打造的"大唐开元"系列数字藏品上线，这是西安首个 3D 建筑模型的数字藏品。

元宇宙下的旅行。元宇宙可以让人们不出门即可体验游览全球著名景点。当下，Matterport 公司已经通过 VR 技术使用户体验到埃及的五大遗迹。不过，这还远远不够。目前元宇宙中的大多数旅游体验都是静态和预先定制好的单人体验，在集体出游互动方面还有待提升。在未来的元宇宙中，"文旅+游戏+探险"模式拥有足够的社交出游属性，相当于升级版本的旅行社出行，当然服务内容不同，价格也会有所差异。

通州区潞城镇：党建引领聚合力，"四微一行"惠民生

政治经济学　周娟玲

　　基层治理是国家治理的重要基石，是社会治理的"神经末梢"。治国理政重在基层，最突出的矛盾和问题也在基层。2021年，中共中央办公厅、国务院办公厅印发的《关于加强基层治理体系和治理能力现代化建设的意见》指出，要坚持党对基层治理的全面领导，把党的领导贯穿基层治理的全过程、各方面，提升基层治理效能，彰显社会主义制度优势。习近平总书记也多次强调："要把加强基层党的建设、巩固党的执政基础作为贯穿社会治理和基层建设的一条红线。"可见党建引领对我国基层治理的重要性。

　　潞城镇是距离北京城市副中心行政办公区最近的乡镇，其发展与北京城市副中心的建设紧密结合。2022年是北京城市副中心"基层治理年"的第一年，潞城镇积极响应并不断探索，形成了以党建引领为核心的"四微一行"镇域基层治理模式，以"微党校、微协商、微联盟、微志愿"为治理载体，以"文明银行"为治理平台，广泛动员一切力量，探索基层治理新路径，为北京城市副中心基层治理新模式贡献"潞城样板"。

一、党建引领"四微一行"的治理模式

　　潞城镇地处北京市通州区的东部，下辖54个行政村。在全面实施乡村振兴战略的大背景下，潞城镇致力打造为生态智慧小城镇，但在打通基层治理"最后一公里"的过程中，治理能力不足、群众参与度不高、资源难以多元联动等问题时有显现，这成为潞城镇基层治理中的痛点。

潞城镇以党建引领为主线，"四微"和"一行"相互支撑、相互促进，推进基层"自治""善治"相融合，共同构建"人人有责，人人尽责，人人享有"的镇域基层治理共同体。党建引领贯穿潞城镇基层治理全过程，潞城镇通过"四微一行"向基层社会拓展组织网络，加强党与多元主体的互动，赋能基层治理激活"共治"。"四微"即"微党校、微协商、微联盟、微志愿"，其中"微"不是细小的意思而代表着"精细化"和"精标化"。"四微"是指政府以大众生活中的实际问题为导向，为人民群众提供更精准更优质的基层治理服务。"一行"即"文明银行"，是指政府通过构建完善的运行机制与科学的积分回馈激励体系，激发多元主体参与基层精神文明建设，为基层治理提供源头活水。

（一）开展"微党校"，打造基层治理智库

潞城镇党委以基层党校为基础，结合"线上微学院"和"线上协商议事厅"，以基层党建和治理服务问题为导向开展"微党校"服务，坚持党校姓党根本原则、从严治校方针开设短而精的个性化课程，调动基层党员干部的学习积极性，为"四微一行"基层治理模式提供了不可或缺的智库支持。

为加强基层党员干部党性教育，党群服务中心开设了"初心课堂"，切实提升基层党员干部理论学习能力。习近平总书记强调，我们党必须始终牢记初心和使命，坚决清除一切弱化党的先进性、损害党的纯洁性的因素，坚决割除一切滋生在党的肌体上的毒瘤，坚决防范一切违背初心和使命、动摇党的根基的危险。"初心课堂"由党委书记带头讲授，各个处级领导干部负责各自分管的领域，已累计覆盖镇域内党员 3000 余人。微党校立足旗帜鲜明讲政治，推动镇域内各级党组织党员干部不断锤炼党性修养，筑牢党性根基。

为破解基层党员干部在实际工作中遇到的困难，"微党校"邀请了解政策并有相关实践治理经验的专家开设时间短、内容精、作用实的特色化课程。目前，"微党校"汇聚专家开设了"12345"典型案例和治理应对方法、垃圾分类、疫情防控等微党课，以供基层干部学习，大大提高了潞城镇的基层治理服务能力。

为不断巩固基层治理精神堡垒，凝聚基层治理共识，潞城镇党委打造了彰显党建引领潞城发展累累硕果的"潞城之路"参观路线，将镇域内潞城党建公园、优秀非公企事业单位、先进示范村等 17 个红色点位串连成线，可以实地参观体验，深刻体会潞城镇在党的带领下正昂首阔步走在生态智慧小城镇的发展道路上。

（二）展开"微协商"，解决基层治理难题

习近平总书记指出，基层治理要按照协商于民、协商为民的要求，大力发展基层协商民主，重点在基层群众中开展协商。潞城镇党委建立区、镇、村三级协商联动的"微协商"机制，发现并解决好群众"急难愁盼"的事，在一桩一件的"关键小事"上下功夫。民主不是装饰品，不是用来做摆设的，解决人民需要解决的问题是基层治理绕不开的"硬骨头"，也是检验基层治理效能的"试金石"。

在区级协商中，"微协商"依托区政协协商议事厅机制，设立汪碧刚委员工作室，并多次开展"你说我听，我说你听"协商议事活动，在更大范围内解决共性基层问题。"你说我听，我说你听"协商议事活动严把"事前""事中""事后"三关，事前认真选题，深入调研，进村入户，把从群众中收集到的问题梳理出来；事中引导群众合理表达诉求，把问题说开说透，消除思想顾虑；事后及时向群众反馈问题推进情况，形成闭环，真正做到了聚焦民生、贴近群众、深接地气。

在镇级协商中，"微协商"依托"文明银行"在全镇范围内招募基层干部争当"百姓贴心服务员"，组建"贴心服务队"，启动"党群贴心工程"，听民意，解民忧。"百姓贴心服务员"深入群众日常生活，保持与群众密切联系和交流，全面了解群众的基本情况，建立"一户一档"台账，收集群众诉求，制定基层治理中的问题清单。

在村级协商中，为填补区镇两级协商议事的空白，潞城镇党委多次开展"协商议事厅"活动，累计参与人数达 600 多人，直击施工扰民、垃圾分类等农村社区建设治理难题和服务痛点，切实解决群众实际困难，精准提供基层

服务，巧妙化解矛盾纠纷，维护社区和谐稳定。

（三）引入"微联盟"，多元联动社会资源

基层治理工作千头万绪，资金、基础设施、人员等资源要素分配不合理，会导致基层治理服务能力难以满足人们对美好生活的需求。乡村基层难以在内部解决资源不足的问题，因此必须引入多元主体协同参与基层治理，以解决碎片化治理资源不足和资源分散问题。潞城镇党委本着"多方参与，融合共治"的原则，建立"微联盟"机制，创新性地链接多元社会资源，并系统科学地整合资源。

"微联盟"通过党建工作协调委员会，将市财政局、区法院、农商银行通州支行、安贞医院、蒙牛乳业等35家共建单位、爱心企业、社会组织紧密联合起来凝心聚力助力基层发展，携手解决基层治理顽疾。"微联盟"针对不同基层治理服务所需的资源的种类和数量，系统性地整合镇域内的各类资源，并充分发挥各成员单位的资源优势。例如在新冠疫情防控的紧要关头，利用驻镇发展的爱心企业捐赠的各类物资和成员单位安贞医院的医疗资源等攻克难关。"微联盟"通过开展"党建引领农村志愿服务联盟""便民志愿服务日"和"敬老志愿服务活动创新日"等多种公益活动，精准对接多样的基层治理服务需求。

"微联盟"以"乡村振兴共建基地"为载体，聚焦镇域内基层治理的各项问题，坚持党建引领，汇聚各民主党派的资源优势，将各乡镇与各民主党派工委对接，携手同心打造乡村振兴的潞城样板，为北京城市副中心的发展贡献潞城统战力量。

（四）做好"微志愿"，精准对接多样需求

为人民服务，具体到基层，就是要为群众提供精准有效的服务。这就要求基层干部工作要以群众需求为中心，紧紧围绕民生难题，打通服务群众的"最后一公里"。潞城镇党委为把握群众需求的脉搏，保证基层服务和管理精准有效，承接"微联盟"引入各类社会资源，建立"微志愿"机制。"微志

愿"依托54个村现有的六支服务队，为群众提供全方位、无死角、零拖延的村级服务，以精准满足群众的多样需求。

六支服务队包括政策宣传队、治安巡逻队、环境保护队、法治调解队、文化传播队以及民生帮扶队。政策宣传队，认真学习领会党的路线方针，倾听群众心声，协助村党支部抓好党员、群众的政治理论学习，积极耐心地为百姓答疑解惑，充分利用村内宣传栏等宣传阵地，做好日常宣传工作，使百姓充分了解党的方针政策和潞城镇的政策方针，消除百姓心中疑虑；治安巡逻队，根据所在村的实际情况，安排指定的巡逻地段或路线，将村内巡逻工作作为一项常态化工作，及时发现、制止各种危害社会治安的行为，并采取报警等措施，密切掌握本村治安动态，预防、发现和制止各种治安紧急事件的发生，并积极协助安保部门及派出所开展工作；环境保护队，组织开展所在村义务劳动活动，调动广大党员和群众的积极性，积极配合镇相关部门开展关于村内环境治理的各项活动，持续做好村内垃圾分类指导工作，主动开展垃圾分类知识讲解等活动，指导村内百姓合理进行垃圾投放；法治调解队，掌握所在村的村情动态，增进村内百姓团结，维护村内安定，学懂弄通相关政策条款，充分了解相关情况，对即将进行调解的问题要做到心中有数，对调解完成的问题要及时进行调解回访，预防纠纷再次发生；文化传播队，组织开展好农村文化活动，在群众中开展丰富多彩、百姓喜闻乐见的文化娱乐和体育活动，依托各村的红白理事会，对红白喜事大操大办、盲目攀比、炫富比阔等歪风邪气进行劝阻和引导，研究推出特色鲜明的文化活动队伍或文化活动项目，逐步打造具有本村特色的乡村文化品牌；民生帮扶队，协助村党支部积极与镇级科室配合，帮助困难人员解决就业、低保、生活等方面遇到的难题和问题，主动摸清本村困难家庭现状，根据每个家庭情况，提出有针对性的帮扶措施，协助村党支部做好困难家庭的帮扶工作。

（五）依托"文明银行"，夯实基层善治基础

"文明银行"是潞城镇基层治理的善治载体。随着经济社会全面发展和物质生活水平提高，人民群众的精神文化需求前所未有地强烈，求知求乐求美

的愿望日益迫切。潞城镇党委为提升村民文明素质，激活基层自治，建立"文明银行"文明行为留存激励平台、公益资源统筹协调平台、志愿服务供求匹配平台。

在"文明银行"运行过程中，潞城镇逐步建立起"镇党委总行举旗定向—基层党支部分行组织实施—普通家庭积极参与—积分大户示范引导"体系。潞城镇"文明银行"以"文明累积分，积分享服务，服务促文明"的方式，将群众善举兑现为物质激励，吸引广大群体积极参与到新时代文明实践活动中来，用巧劲引导群众形成良好习惯，用真情汇聚乡村善治力量，不断夯实基层治理德治善治基础。

二、党建引领"四微一行"的治理成效

潞城镇依托"四微一行"，抓学习、增活力、引资源、优服务、强基础，全面推动农村治理服务工作，发挥对各项工作的示范推动作用，不断增强人民群众的获得感、幸福感、安全感。

（一）群众"急难愁盼"问题有序解决

潞城镇依托"微协商"机制，区镇村三级联动下沉遍访，汇聚各类治理问题，瞄准民生靶心，通过"微志愿"和"文明银行"组建各类基层治理服务队伍，切实解决群众"急难愁盼"的各类问题。在党建引领"四微一行"的运行下，潞城镇市民热线全年的诉求总量不断下降，环比减少1500余件，不断疏通基层治理痛点堵点。潞城镇市民热线中群众诉求的解决率不断攀升，由59.47%提升至69.46%，提升了近10个百分点，群众对于基层治理服务工作的满意度由66.21%提升至74.38%，提升了8个多百分点。潞城镇通过群众诉求"小切口"撬动基层治理"大变化"，实现了基层治理服务降量提质的目标。

（二）基层队伍治理能力不断提升

办好中国的事情，关键在党；办好基层治理的事情，关键在人。制度再

好，治理体系再完备，如果人的素质和能力跟不上，也不可能发挥很好的作用。潞城镇的发展建设正处于转型的换挡期和提升期，各项事业任重道远。通过"微党校"的学习培训，基层党支部工作规范化水平不断提升；基层党员干部在各类培训中学习业务和理论知识，交流工作经验，干事创业的水平不断提升。在潞城镇基层治理当中，无论是棚改、移风易俗等"大事"，还是施工扰民、垃圾分类等"小事"，背后都能看到一支精干的基层干部队伍的身影。"四微一行"运行过程中，潞城镇党员领导干部充分发挥了模范先锋作用，带头学习党的理论，带头宣传各类政策，带头解决民生问题，带头服务群众。潞城镇 280 名机关干部组成贴心服务队，由包片领导、包村干部与村两委班子一块下村，与百姓聊天，了解百姓真实情况。为百姓办实事，切实提升自身治理能力，乡村治理成效明显。

（三）共建共治共享基层治理格局不断完善

潞城镇党委逐步构建以党建引领为核心、以"四微一行"为纽带、以各类社会组织为依托的基层治理工作体系，最大限度把群众组织起来，激发自治活力。基层治理体系是一个均衡交织的网络状体系，"微协商"将千头万绪的基层治理工作具象化，"微联盟"引入多种社会资源，"文明银行""微志愿"缩小治理单位，激发群众自治热情，促进多元主体相互协同，共同治理，为社会治理现代化提供有序的发展空间。目前已有 1.8 万余个家庭开通"文明银行"积分卡，1.1 万余人下载注册"文明潞城"App，基本覆盖全镇常驻家庭，累计开展活动 3000 余场，10 万余人次参与，潞城镇党建协调委员会共有 30 余家，共开展"微联盟"活动 100 余场，累计覆盖 2 万余人次。党建引领"四微一行"推动基层治理从过去"一切包办"向"建体系、搭平台、聚共识、促落实"转变。

三、潞城镇党建引领基层治理经验与启示

（一）人民至上，注重实效

潞城镇党委将为民办事，为民造福作为最重要的基层治理政绩，通过

"微党校"切实提升基层干部的治理服务能力，以"微协商"为载体，深入基层收集群众最关心的事，把人民群众的"小事"当作基层治理的"大事"，从人民群众关心的事情做起，不断提升百姓幸福感、获得感、安全感，在改善民生的过程中不断凝聚力量。密切联系群众是潞城镇党建引领"四微一行"基层治理成功实践的根本，只有始终与人民心连心、同呼吸、共命运，确保"广泛、深厚、可靠的群众基础"，基层治理工作才能事半功倍。

（二）固本强基，智库扶持

在党建引领"四微一行"实施全过程中，从制度设计、区域化资源整合、活动开展等方面都体现出潞城镇党委和政府强大的凝聚力。"四微一行"涉及的政策法律较多，如在实践中社区"微协商"就需要一定的政策解读、咨询和一定的专业技术支持。因此，在政策解读、技术培训和项目设计等环节，潞城镇党委和政府均十分注重智库组织和专家团队的组建及业务指导。

（三）数字赋能，智慧治理

潞城镇党委充分利用互联网、大数据赋能基层治理，将基层社区划分为多个网格，以技术赋能拓宽基层社区信息采集网有效的运用技术手段，变"治"理为"智"理，从而实现科技支撑技术赋能基层社区治理。定向开展服务，让"数据多跑腿，百姓少跑腿"。智能化治理是把原来处于零散碎片状态的治理要素，有效进行优化整合，并赋予其结构化、系统性、全息性的智慧和能力，使得各治理要素"活"起来、"动"起来，并更加"能"起来。通过智慧治理，基层政府工作的效率和服务水平大大提升。

四、潞城镇党建引领基层治理存在的问题及对策

（一）问题："四微一行"运行中存在重复交叉的情况

潞城镇为了强化党建引领的主线地位，构建了"四微一行"多个线上或线下的党建引领平台。这些引领平台在很大程度上提高了党组织的覆盖率，

也推进了基层党建形式的多样化。但同时因缺少统一规划和引导，平台之间存在重复交叉的治理事务，机构、人员、组织之间也存在重叠，降低了党建引领城市基层治理的效果。

（二）对策：强化党建引领功能，厘清"四微一行"各自定位

潞城镇党委应做好系统梳理、总体谋篇，厘清"四微一行"各自的定位和功能，避免出现"头疼医头，脚疼医脚"的问题。一方面，厘清共治平台、自治平台的定位和功能，形成功能区分、彼此支撑的平台体系。通过党建引领搭建的"文明银行""微协商"等共治平台，进一步做好平台定位、功能界定梳理，更好地发挥平台参与城市基层治理的积极性，这些平台的功能在于激发社会活力、发挥自治作用、培养社会自主性。另一方面，厘清线上平台、线下平台的定位和功能，形成线上补充线下平台体系。随着互联网的发展，各类线上党建平台纷纷上线，改变了线下党建平台相对封闭和自循环的状态，但并不能替代线下党建平台。从长远来看，进一步厘清线上党建平台、线下党建平台的定位和功能，明确各自的适用范围，形成线上补充线下平台体系，避免线上平台、线下平台"相互打架"问题的发生。